大学生综合素养类新形态精品教材

美育生活 劳动创造
——劳动实践教育手册

主　编　常跃中　曹淑玲　吴其萃
副主编　曾龙阳　杨　颖　林　姗　邢延华

北京理工大学出版社
BEIJING INSTITUTE OF TECHNOLOGY PRESS

内 容 提 要

本书是编者结合新时代创新创业、劳动教育、美育教育的时代背景，依托教学成果奖（国家级优秀教学成果奖二等奖、省级优秀教学成果奖一等奖）、省级创新创业试点专业、培育项目、课程实践（省级一流课程、省级职教开放课程实践）等成果经验，组织劳动模范、大国工匠等有关院校专业教师联合编写而成。本书从劳动素养、劳动实践、劳动拓展三个维度展开，包含八大模块，分别为劳动价值观、劳动关系与法治、职业劳动观、未来劳动观、日常生活劳动、生产创造劳动、职业礼仪、拓展实操，融合创新创业、美育、传统文化、地方文化等多方面内容，旨在弘扬劳模精神、劳动精神、工匠精神。本书以理论阐述为基础，由浅入深地布置了难易程度不同的实训课题及社会实践研学活动等，供学生们进行实操训练，具有很强的普适性。

本书可作为高等院校学生的通识课教材，也可作为广大读者的参考读物。

版权专有　侵权必究

图书在版编目（CIP）数据

美育生活　劳动创造：劳动实践教育手册 / 常跃中，曹淑玲，吴其萃主编 . -- 北京：北京理工大学出版社，2023.7

ISBN 978-7-5763-2842-4

Ⅰ．①美… Ⅱ．①常… ②曹… ③吴… Ⅲ．①劳动教育—高等学校—教材 Ⅳ．① G40-015

中国国家版本馆 CIP 数据核字（2023）第 167578 号

责任编辑 / 王梦春	**文案编辑** / 孙　玥
责任校对 / 刘亚男	**责任印制** / 王美丽

出版发行 / 北京理工大学出版社有限责任公司
社　　址 / 北京市丰台区四合庄路 6 号
邮　　编 / 100070
电　　话 / （010）68914026（教材售后服务热线）
　　　　　（010）68944437（课件资源服务热线）
网　　址 / http://www.bitpress.com.cn
版 印 次 / 2023 年 7 月第 1 版第 1 次印刷
印　　刷 / 河北鑫彩博图印刷有限公司
开　　本 / 787mm×1092mm　1/16
印　　张 / 10.5
字　　数 / 225 千字
定　　价 / 49.00 元

图书出现印装质量问题，请拨打售后服务热线，负责调换

主编简介

常跃中 教授，泉州华光职业学院工艺美术学院院长，江南大学工业设计硕士，福建省政府文史研究馆馆员，集美大学美术与设计学院院士工作站成员，硕士研究生导师；国家级一流专业集美大学环境设计专业负责人；教育部国家级教学项目评审专家，教育部博/硕论文评审专家，文化和旅游部非物质文化技艺传承人才培养导师，福建省科技厅、福建省文化旅游厅、福建省教育厅、福建省人力资源和社会保障厅项目职称评审专家；福建省一流课程负责人，福建省在线精品课程负责人；福建省福课联盟全省高校学分互认选修课负责人；中国工业设计学会环境艺术室内设计专业委员会委员；福建省雕塑学会监事长与景观专业委员会主任；福建省美术家协会雕塑艺委会副主任；福建省工艺美术协会雕塑专业委员会副主任；中国建筑学会CID专业委员会委员厦门分会副主任；厦门市美术家协会环境设计艺术委员会主任；泉州市工艺美术学会副会长；泉州市产教融合研究院专家库成员。

荣誉：

福建省教学成果一等奖获得者；2021年爱心厦门建设先进个人；获陈嘉庚奖教金1次；南顺奖教金2次；集美大学本科教学贡献奖1次；诚毅奖教金1次；福建省雕塑学会《福建省雕塑大师》荣誉称号；曾担任福建师范大学设计学硕士研究生答辩委员会主席；厦门大学专业评估评审专家、设计学硕士研究生答辩委员会专家；福州大学工艺美术研究院创新创业导师；上市公司厦门鲁班环境艺术工程股份有限公司艺术顾问；国家级研学营地研学导师；2008年赴欧洲访学，近年来参加中荷艺术家作品交流展、海峡两岸文化产业博览会、台湾亚洲设计新势力展、中韩艺术交流展、海牙中荷艺术家作品展、新西兰当代艺术学术交流展、福建省雕塑大展等，其部分作品被海内外收藏；多项策划主持项目在国际国内招标中标，个人参赛与指导大学生参加学科竞赛获国家级、省级及国际奖60余项；获国家专利、著作权50余项。

本书编委会

常跃中	曹淑玲	吴其萃	
曾龙阳	杨　颖	林　姗	邢延华
邹　喆	汪晓东	林梓波	郑敏庆
金尤石	何　超	涂清芳	涂鹏翔
陈文新	刘　艳	周玉霞	漆淑芬
杨先威	刘　阳	刘颖潇	朱楚君
蒋雨芹	江　镇	黄舒婷	潘晨莹
许婉华	毋华秋		

赤店苏厝村（华侨大学建筑规划院规划材料）

FOREWORD 前言

  劳动是人类自始至终无法回避的一件事情。劳动是指发生在人与自然界之间的活动，实质是通过人类有意识的且有目的的自身活动来调整和控制自然界，使之发生物质变换，即改变自然物的形态或性质，为人类的生活和自身需要服务。

  "劳动创造了人本身"，这是马克思主义劳动观的基本论断。马克思认为，劳动使人从动物界分化出来，对人和人类社会的形成和发展具有根本的决定意义！

  我们可以理解，劳动是一种人类改变物质世界的行为，是满足人类需求的手段，是人类实现自身价值的基本过程，更是人类精神体现的创造活动。其所涵盖的是整个人类社会及每一个体的全面，贯穿于人类历史与将来的时间轴上，无时不在、无处不有。显见的答案是，没有劳动，也就没有人。而从我个人角度，有深刻的体会。在改革开放浪潮中，一百元钱，一台相机，……，三十年来，伴着华夏大地日新月异，而今收获一方小天地。正是点滴的劳动累积，造就了美好的生活！

  劳动既是促进人成长的重要途径，也是社会发展的重要条件。我国一直以来就将教育与生产劳动相结合，作为基本的教育方针，是中国特色社会主义教育制度的重要内容。做好劳动教育，让社会主义建设者和接班人树立起正确的劳动观点和劳动态度，养成劳动习惯，掌握劳动技能，是作为教育从业者的使命。因而，我们组织编写本书，期望能结合现实生活生产中的实际劳动要素，来激发青年学生真切热爱劳动、珍惜劳动成果，让他们想劳动、会劳动，特别是通过闽南技艺的传承，弘扬劳动精神、工匠精神、劳模精神。也恳请各位读者批评指正，以不断完善本书。

泉州华光职业学院董事长

CONTENTS 目录

第一篇　劳动素养篇

模块一　劳动价值观 ... 3
- 单元一　马克思主义劳动观 ... 3
- 单元二　劳动素养及要求 ... 5
- 单元三　劳模精神、劳动精神、工匠精神 ... 7

模块二　劳动关系与法治 ... 9
- 单元一　和谐劳动关系与健康劳动心理 ... 9
- 单元二　劳动法律、法规 ... 11
- 单元三　劳动组织与安全保障 ... 12

模块三　职业劳动观 ... 15
- 单元一　职业素养与行为规范 ... 15
- 单元二　技术进步与职业发展 ... 17
- 单元三　职业选择与创业能力 ... 19

模块四　未来劳动观 ... 22
- 单元一　劳动发展新趋向 ... 22
- 单元二　未来创造性劳动 ... 24

第二篇　劳动实践篇

模块五　日常生活劳动 ... 29
- 单元一　日常生活技能之衣食住行 ... 29

单元二　良好生活习惯之自我管理	30
单元三　天下美食之四菜一汤	31
单元四　同安薄饼	36
单元五　茶艺	40

模块六　生产创造劳动 ... 45

单元一　创造陶艺	45
单元二　大漆之美	58
单元三　砖雕装饰	66

第三篇　劳动拓展篇

模块七　职业礼仪 ... 75

| 单元一　人生第一桶金（地摊经济、电子商务等） | 88 |
| 单元二　社会公益服务劳动 | 100 |

模块八　拓展实操 ... 104

单元一　现代书刻艺术	104
单元二　珐琅彩	114
单元三　香草自然研学	121
单元四　厦门漆线雕	124
单元五　闽南剪瓷雕	129
单元六　惠安影雕	133

附录 ... 141

附录1：劳动素养知识题库（答案）	141
附录2：劳动安全教育试题（答案）	143
附录3：配套在线精品课程《创意生活——陶艺》题库	146

参考文献 ... 160

劳动素养篇　第一篇

模块一　劳动价值观

模块二　劳动关系与法治

模块三　职业劳动观

模块四　未来劳动观

模块一
劳动价值观

引 言

劳动是中华民族的传统美德,更是新时代大学生追求卓越、实现自我的精神内核。劳动不仅是谋生的手段,更是客观世界与主观世界链接的媒介。尊重劳动、践行劳动,方能自在;热爱劳动、享受劳动,方能自为。

单元一 马克思主义劳动观

学习目标

理解马克思主义劳动观和习近平关于劳动的重要论述。运用马克思主义劳动观理性分析当下社会劳动现象,树立正确的劳动价值取向。

理论概述

"劳动创造了人本身",这是马克思主义劳动观的基本论断。

"动物仅仅利用外部自然界,单纯地以自己的存在来使自然界改变;而人则通过所作出的改变来使自然界为自己的目的服务,来支配自然界。这便是人同其他动物的最后的本质区别。而造成这一区别的还是劳动。"——《马克思恩格斯选集》。

马克思认为,劳动使人由动物界分化出来,对人和人类社会的形成与发展具有根本的决定意义;自然界为劳动提供材料,人类利用劳动改变自然物的形态与性质,使各种原料成为人类生活需要的财富,借以满足人们的需要;价值是人类劳动的凝结,是凝结在商品中无差别的人类劳动,一切有价值的商品都是建立在劳动创造的基础之上。马克思主义点明,劳动是价值产生的唯一源泉,是人的社会本性和社会关系形成与发展的基础,是人在社会实践中彼此相互联系、共同生活的第一个基本的实践形式。

美育生活 劳动创造——劳动实践教育手册

只有在劳动实践中,每个有劳动能力的人才能成为现实的、物质的力量,才能发挥对自然界和对自身发展变化的巨大制约作用。同时,劳动又是衡量每个人作用的大小及其现实表现的唯一尺度。

人是劳动的产物,劳动创造了人类生存所必需的全部物质条件和精神条件。马克思说:"任何一个民族,如果停止劳动,不用说一年,就是几个星期,也要灭亡,这是每一个小孩都知道的。"

人类文明演进的历史规律告诉我们,劳动是人类最根本的实践活动,是人类生存、发展和创造财富的基本路径;劳动是人的生命存在和全部社会活动的前提,作为生命存在的人要解决吃、穿、住的生活问题,就必须从事生产劳动,通过劳动改造自然,从大自然中获取生活资料;劳动是促使社会历史发展的根本推动力量,社会发展的最终决定力量不是精神、意志、神灵,而是人的劳动实践。

❖劳动任务:内务整理

王顺友出生于四川省凉山彝族自治州木里藏族自治县,在木里藏族自治县邮政局当邮递员,是《感动中国》2005年十大人物之一,也是全国五一劳动奖章的获得者。从业多年,他用双脚丈量了雪域高原,跋涉了26万公里,相当于走了21趟二万五千里长征、绕地球赤道6圈;每年投递报纸8 000多份、杂志700多份、函件1 500多份、包裹600多件。他在岗期间,没有延误过一个班期,没有丢失过一个邮件,没有丢失过一份报刊,投递准确率达到100%。他用自己的行动,为中国邮政的服务水平做出了最好的诠释,也对爱岗敬业做出了最好的诠释。

劳动任务单

劳动寄语	整洁有序的环境有益身心健康,会使你感觉良好!从自身居住的环境卫生打扫开始,是你迈向成功的开端					
劳动类型	集体劳动					
劳动方案	计划完成时间: 设计清洁程序: 准备所需工具:					
成员及分工	(以宿舍为单位进行分工)					
过程记录	(劳动过程)					
劳动成果	(贴图)					
劳动感想	(谈谈亲身劳动的感受)					
评价	自评	(1~10分)	互评	(1~10分)	综评	(计学分)

单元二 劳动素养及要求

学习目标

了解新时代劳动素养要求，理解劳动观念、劳动能力、劳动习惯和品质、劳动精神等内涵。提升适应个人终身发展和社会发展需要的正确价值观、必备品格与关键能力。

理论概述

劳动素养主要是指劳动者在劳动实践过程中逐步形成的适应个人终身发展和社会发展需要的正确价值观、必备品格与关键能力。劳动素养包含劳动者的思想素质、文化素质、身体素质和技能水平，以及劳动者在劳动过程中与之相匹配的劳动心态和劳动技能的综合概括。劳动素养是衡量劳动者能否完成某对应性工作的最根本、最直接的能力指标。

新时代的劳动者是善于学习新知识、掌握新技术、创新能力强的劳动者。新型劳动者必须具备的素质包括善于学习新知识、掌握新技术、创新能力强、爱岗敬业、无私奉献、艰苦创业、强烈的社会责任感等。在科学技术飞速发展、知识信息快速增长的21世纪，各行各业的劳动者只有掌握了现代科学文化知识和新技术、新工艺，才能为社会创造出更多的财富。

时代的发展对大学生的能力提出了更高的要求，社会的变化则要求大学生能够与时俱进地适应环境。因此，大学生在走向社会之后，岗位会有高低之分，竞争将会更加激烈，但是无论如何变化，踏实工作、不畏困难的品质永远是用人单位选聘人才的基本准则。因此，大学生要想从学校成功过渡到社会，就必须培养自己艰苦奋斗的劳动精神和劳动品质，这样才能尽快融入社会经济发展大环境。不可否认，如今的大学校园受到社会上不良风气和消费主义的影响，存在着好逸恶劳、拜金主义、享乐主义和极端个人主义的思想。新时代大学生应当将人生追求融入国家富强、民族复兴的伟业之中，实现个人与集体、国家的融合发展，真正树立依靠辛勤劳动、诚实劳动、创造性劳动获取财富、实现人生价值的正确思想观念，从而为走出校园后的人生之路奠定良好的事业发展基础。为此，新时代大学生在校园中应着重培养自身的劳动素养：第一，具备正确的劳动观念，热爱劳动，尊重劳动，加强自我学习和教育，充分认识劳动的价值和意义，使劳动成为自身成长发展的重要基石；第二，树立良好的劳动品德，懂得劳动创造价值，摒弃不劳而获的懒惰思想和观念，养成主动劳动的品格；第三，拥有必要的劳动技能，掌握独立自主、自力更生的专业技能，能够适应时代和社会发展的需要；第四，养成勤俭、奋斗、创新、奉献的劳动精神，牢固树立劳动最光荣、劳动最崇高、劳动最伟大、劳动最美丽的观念。

劳动任务：绿植养护

绿植养护工序如下：

（1）修剪。仔细检查树叶，对出现黄叶、残叶，树形不对称，有徒长枝的要及时修剪。对于叶面枯黄面积超过 1/3 的应整片剪除，枯黄面积在 1/3 以下者，应用剪刀顺着叶形将枯黄部分剪除，注意保留叶形，不可一刀切过。

（2）卫生。

1）清洁植物叶面。每次进场前清洁植物叶面。定期对植物叶面清洁干净，叶面不残留泥土和灰尘。

2）清理花盆、套盆内垃圾、杂物、残叶等。清洁花盆、套盆外表污泥，清洁底碟无泥垢、积水等。

（3）浇水。室内花木淋水量根据花木所处位置与花卉品种、习性、季节调整，对靠窗边或夕照光线强烈或空调位植物应多浇水；对多肉多浆、宿根类植物要少浇水。夏秋两季多浇水，冬、春两季少浇水，保持适量水分。

（4）施肥。室内观叶植物常用 N-P-K 复合肥及合成有机肥、绿光剂，应按照不同地点湿度、光线、植物品种来决定施肥用量。室内花木不应使用有异味的肥料及尿素等高纯氮肥。

（5）病虫害防治。主要包括防治蚜虫、螨虫、蚧壳虫、蚊蝇及软腐病、黑斑等病虫害的有效措施及方案，将病虫害扑灭于萌芽状态。

注意：绿植养护时，对于不同花卉要采用不同的养护方法。例如，仙人掌不需要浇太多的水，而芦荟不同，需要浇很多水，缺水容易枯死。

劳动任务单

劳动寄语	不劳动，连棵花也养不活。做自己的花匠，每天呼吸快乐，释放烦恼					
劳动类型	集体/个人劳动					
劳动方案	计划完成时间： 设计养护程序： 所需材料/工具：					
成员及分工	（个人或小组）					
过程记录	（劳动过程）					
劳动成果	（贴图）					
劳动感想	（谈谈养护绿植的感受）					
评价	自评	（1～10分）	互评	（1～10分）	综评	（计学分）

单元三　劳模精神、劳动精神、工匠精神

学习目标

深刻体会热爱劳动、崇尚劳动是社会主义核心价值观的重要内容。理解劳模精神、劳动精神、工匠精神的内涵及其在中国革命、建设和改革历程中的现实意义。

理论概述

劳模精神、劳动精神、工匠精神具有深刻内涵联系。劳模精神反映劳动模范在生产实践中的职业素养、职业能力、职业品质，弘扬劳模精神强调用劳模的先进思想、模范行动影响和带动全社会；劳动精神是劳动者劳动意识、劳动理念、劳动态度、劳动习惯的集中展示，弘扬劳动精神强调正确认识劳动是人类的本质活动；工匠精神不仅是大国工匠群体特有的品质，更是广大技术工人心无旁骛、钻研技能的专业素质、职业精神，弘扬工匠精神强调在追求卓越中超越自己。劳动精神是劳模精神、工匠精神的根基，离开劳动创造，劳模精神和工匠精神就是无源之水、无本之木。劳模精神和工匠精神是劳动精神向更高水平的发展、在更高层次的升华。

党的十八大以来，全国总工会和各级工会认真学习贯彻习近平总书记关于工人阶级和工会工作的重要论述，把大力弘扬劳模精神、劳动精神、工匠精神摆在重要位置来抓。牵头做好劳模评选表彰工作，共表彰5 461名全国劳动模范和先进工作者。广泛深入持久开展劳动和技能竞赛，全国引领性劳动和技能竞赛参赛企业6万余家，参赛职工1 500万人。以"思想引领、建功立业、素质提升、地位提高、队伍壮大"五大任务为目标，扎实推进产业工人队伍建设改革。全国建立劳模和工匠人才创新工作室8.2万家，产业工人技能学习平台累计培训职工超过1.4亿人次。加大劳模、大国工匠宣传力度，持续开展"中国梦·劳动美"主题宣传教育活动，联合制作播出8季《大国工匠》，联合发布8届全国"最美职工"共81人次，发布3届"大国工匠年度人物"。通过形式多样的工作，不断推动形成劳动光荣、创造伟大的浓厚社会氛围，对劳动的认可、对劳模的尊重、对工匠的推崇日益深入人心。

新时代大学生正处于职业生涯发展的探索、建立阶段，劳动价值观、职业价值观及职业能力正处在逐渐形成和成长的时期。通过大力弘扬和践行劳模精神、劳动精神、工匠精神，能够更好地展现新时代大学生积极向上的精神面貌，促进正确劳动价值观的树立，更全面地提升劳动技能水平，在职业发展中更好地将劳模精神、劳动精神、工匠精神与创新创造相融合，促进自我不断全面发展、完善，从而实现职业理想和人生价值。

劳动任务：手作陶艺

陶艺即陶瓷艺术，可追溯至石器时代。陶瓷是文化的结晶、艺术的精华。陶瓷的发明，是人类社会发展史上划时代的标志，是人类发明史上的重要成果之一，也是中华民族对世界物质文明做出的又一重大贡献。据考证，我国陶器的烧制已有近万年的历史，而瓷器的出现也有1 800多年的历史。中国传统陶艺制作源远流长，至今仍盛而不衰，历经经济的发展，技术的进步，时代风尚的不同，审美观的变化，在陶艺中反映十分突出。国内外的许多学者、艺术家都非常重视对中国传统陶艺的研究。中国传统陶艺所独具的东方艺术情韵风格，不是短时间内形成的，至今仍扎根于人民之中，集中了无数陶艺前辈的汗水、智慧和创造力，经过历史的不断锤炼，形成优良传统。它贯穿着民族性格、民族感情，体现了民族审美意识的共同特性，代表着民族的精神实质。

劳动任务单

劳动寄语	献给家人的爱——包饺子。用免烧陶泥模拟做一个盘子，泥塑一盘饺子拍照编辑到PPT并提交实物。可替代材料：软陶或纸、石、木均可。可替代内容：满汉全席任意一道菜		
劳动类型	个人劳动 || 完成时间	
劳动方案设计			
姓名	×××	班级	×××
作品名称（拟）	《×××》	参考样图	
使用材料/工具/设备	免烧陶泥/陶艺工具8件套、擀面杖、垫板	设计尺寸	
设计思路（自绘草图）：			
工艺选择	☑捏塑　□盘筑　□拉坯　☑泥片　□压坯　□注浆　☑装饰　□烧制　□其他：		
操作程序： 1. 揉泥：将泥料干湿不均匀的地方充分揉均匀； 2. 制盘：将泥团用擀面杖擀制出盘子大小； 3. 捏塑：将擀制的泥板捏塑成盘子形状；擀制饺子皮，内放纸团包成饺子形状，制作数量为15～20个； 4. 雕刻：如果做满汉全席，根据菜品形状加以捏塑雕刻成菜品形状； 5. 晾干：放阴凉处晾干； 6. 彩绘：根据菜品彩绘着色，增强观赏美感			
所需工具与技术： 1. 割泥线：用来切割黏土。 2. 棉麻布：用于保持泥巴的湿润度。 3. 擀面杖：用于擀泥板，消除泥土中潜在的小气泡，以保证烧制时不会因气泡而炸裂。 4. 吸水海绵：制作时给黏土加水或吸水，也可以对已烘烤完毕的陶器进行中度打光。 5. 泥塑刀：用于手工成型，修整坯体底部，方便完成取坯和后续的修坯工作			
过程记录	（实践过程中遇到的问题、困难及失败和成功的经验）		
成果展示	（贴图）		
劳动感想	（谈谈亲自制作一件陶艺作品的感受）		

模块二
劳动关系与法治

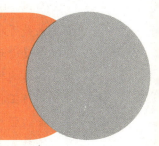

引 言

用人单位与劳动者之间依法所确立的劳动过程中的权利、义务关系称为劳动关系。劳动关系的成立、运行和矛盾处理均须以法律作为基本准则和依据来规范与调整。实现劳动关系法治化是构建和谐劳动关系的基本途径与衡量指标。

单元一　和谐劳动关系与健康劳动心理

学习目标

充分认识构建社会主义和谐劳动关系的重大意义。理解并认同劳动关系治理的中国特色。塑造健康劳动心理，培育积极的就业心态和理性、平和、健康的职业心理。

理论概述

劳动关系是指用人单位与劳动者运用劳动能力在劳动过程中形成的一种社会关系。其主体是确定的，即一方是用人单位，另一方必然是劳动者。遇有个体工商户雇请帮工的情形，则个体工商户属于用人单位的范畴。按照《中华人民共和国劳动法》的规定，建立劳动关系时必须签订书面劳动合同；劳动合同的内容包括七项必备条款和双方自主协商的约定条款。

和谐劳动关系是指劳动过程中的主体与客体之间的和谐关系。其包括人与人、人与物（自然环境劳动条件等）的关系。构建和谐劳动关系作为建设社会主义和谐社会的重要基础、巩固党的执政地位的必然要求和完善中国特色社会主义制度的重要组成部分，已经成为党和政府及全社会所面临的重要而紧迫的政治任务。构建和谐劳动关系可以有多种途径和手段，如政治的、经济的、行政的等，但法治是实现劳动关系和谐的基本途径和手段。构建和谐劳动关系的基本途径是实现劳动关系法治化，也是劳动关系是否和谐的基本衡量指标。

劳动心理是指劳动者在社会中所处的地位和人与人之间的关系对劳动者工作在心理上的影响程度。劳动者的心理健康是健康的一个重要组成部分。正确处理人际关系、正确对待工作和生活的压力、不断克服心理障碍是调适心理状态、达到心理健康的重要方面。劳动者的心理健康主要包括正常的智力、健全的情绪、协调的行为和适度的反应等特征。

人是劳动的产物，通过不断劳动可以改善情绪状态，促进情绪健康。劳动过程中的活动会刺激大脑，丰富思维，促使人们去思考对自身而言更加有益且真正有意义的事情，能够从劳动中寻找自我、满足自我，在与"自我"的独处中找到内心的渴望并付诸行动，通过不断劳动追寻生命的意义。

劳动任务：争创模范寝室

宿舍是大学生与同学共同学习、生活的主要场所。宿舍文明是校园文明的基本组成，更是大学生综合素质养成的关键。通过争创模范寝室活动的开展，对比自身寝室，看差距、找问题，为争创模范寝室、合格寝室而共同努力。在实践劳动中获得自我成就感，培养集体荣誉感，加强团队协作能力。

劳动任务单

劳动寄语	互帮互爱，莫负你我缘来于此				
劳动类型	集体劳动				
劳动方案	计划劳动方案： 设计劳动分工： 准备所需工具：				
成员及分工	（以宿舍为单位进行分工）				
过程记录	（劳动过程）				
劳动成果	（贴图）				
劳动感想	（谈谈亲身劳动的感受）				
评价	自评	（1~10分）	互评	（1~10分）	综评	（计学分）

单元二　劳动法律、法规

学习目标

熟悉我国基本的劳动与社会保障法律、法规。理解我国劳动保护的权益与维护途径。

理论概述

我国现行的劳动和社会保障法律法规包括法律、行政法规、行政法规性文件、部门规章、地方政府规章、司法解释等，如《中华人民共和国劳动法》《中华人民共和国劳动合同法》及《中华人民共和国劳动合同法实施条例》《中华人民共和国劳动争议调解仲裁法》《中华人民共和国妇女权益保障法》《中华人民共和国就业促进法》《中华人民共和国社会保险法》《劳动人事争议仲裁组织规则》《国务院关于职工工作时间的规定》《工资支付暂行规定》《职工带薪年休假条例》《失业保险条例》《保障农民工工资支付条例》《人力资源市场暂行条例》等。

在法律法规基础上，劳动者维护自身合法权益主要有协商、调解、劳动仲裁、动监察举报（投诉）、信访等途径。《中华人民共和国劳动法》第七十九条：劳动争议发生后，当事人可以向本单位劳动争议调解委员会申请调解；调解不成，当事人一方要求仲裁的，可以向劳动争议仲裁委员会申请仲裁。当事人一方也可以直接向劳动争议仲裁委员会申请仲裁。对仲裁裁决不服的，可以向人民法院提起诉讼。

劳动者维护自身合法权益主要有以下途径：

（1）协商维权：协商是指劳动者与用人单位发生劳动争议后，双方通过约见、面谈，并在平等自愿、相互谅解的基础上，参照法律的规定，直接进行磋商，自行和解消除争议的处理方法。现实中，用人单位处于强势，劳动者处于弱势，双方之间并不会在平等地位上协商，劳动者多数会吃亏。

（2）调解维权：发生劳动争议后，劳动者可以向本单位的劳动争议调解委员会提出申请，请求调解。调解委员会调解劳动争议，应当自受理调解申请之日起15日内结束。但是，双方当事人同意延期的可以延长。经调解达成协议的，制作调解协议书，双方当事人应当自觉遵守。在规定期限内未达成调解协议的，视为调解不成。

（3）劳动仲裁维权：劳动仲裁是指经劳动争议当事人的申请，经劳动争议仲裁委员会对双方发生的劳动争议依法进行公开审理并做出裁决。劳动争议申请仲裁的时效期限为一年。仲裁时效期限从当事人知道或应当知道其权利被侵害之日起计算。

（4）劳动监察举报、投诉维权：劳动者发现自己的劳动权益受到侵害时，应及时

向劳动保障监察部门举报或投诉。如果该劳动行政部门执法不当或劳动者对处理结果不服，劳动者可以申请复议或提起行政诉讼。

（5）信访维权：劳动者在劳动权益受到侵害时，还可以通过信访的方式，向各级工会、妇联及政府信访部门反映。信访维权方式的优点与投诉举报一样，维权成本较低；缺点是拖延时间也许较长，可能收不了一时之效。

劳动任务：法治宣传小分队

党的二十大报告中指出"全面依法治国是国家治理的一场深刻革命"，提高"遇事讲法、遇事找法"的法制素养，组织大学生劳动普法志愿者宣传活动，走进校园、社区、街道，通过宣传横幅、发放宣传资料、解答咨询等方式宣传劳动法等相关劳动社会保障法律法规知识。通过普法志愿者活动开展，促使大学生自愿学习法律知识，树立法律意识和服务社会意识，懂得法律就在我们身边，法治社会的建设需要每个人参与其中，个人的权益可以利用法律来维护。

劳动任务单

劳动寄语	守法普法，人人有责				
劳动类型	集体劳动				
劳动方案	劳动计划： 劳动程序： 所需材料/工具：				
成员及分工	（以班级分配小组）				
过程记录	（劳动过程）				
劳动成果	（贴图）				
劳动感想	（谈谈亲身感受）				
评价	自评	（1～10分）	互评	（1～10分）	综评	（计学分）

单元三 劳动组织与安全保障

📝 学习目标

熟悉我国劳动者安全保护的相关法律、法规。掌握劳动中危险有害因素的识别方法，具备一定的安全减灾文化素养和应急管理知识。

理论概述

劳动保护法规是指国家为保护劳动者在生产过程中的安全和健康而制定的各种法规。其一般包括安全技术规程、劳动卫生规程、对女工和未成年工特殊保护及各种劳动保护管理制度等。早在1922年，在中国共产党领导下的中国劳动组合书记部制定了《劳动法案大纲》，其中提出了有关保护童工和女工、实行工厂检查制度等劳动保护方面的要求。在抗日战争时期，革命根据地人民政府颁布的《战时劳动保护试行规程》《战时工厂法》等，对劳动保护作了具体规定。中华人民共和国成立后，人民政府颁布了一系列劳动保护法规。在国民经济恢复时期，仅中央各产业主管部门和劳动部门颁布的有关劳动保护法规就有100种以上。在第一个五年计划时期（1953—1957年）制定的重要劳动保护法规有300多种。这些法规对于进一步改善企业的劳动条件，加强劳动保护管理，防止伤亡事故和职业病，促进经济建设的发展都起到了积极作用。

《中华人民共和国职业病防治法》第四条：劳动者依法享有职业卫生保护的权利。用人单位应当为劳动者创造符合国家职业卫生标准和卫生要求的工作环境和条件，并采取措施保障劳动者获得职业卫生保护。

职业危害劳动过程中的有害因素如下：

（1）劳动组织和制度不合理，劳动作息制度不合理等；

（2）精神（心理）性职业紧张；

（3）劳动强度过大或生产定额不当，不能合理地安排与劳动者身体状况相适应的作业；

（4）个别器官或系统过度紧张，如视力紧张等；

（5）长时间处于不良体位或姿势，或使用不合理的工具劳动都为职业危害因素。

职业危害因素是生产环境中影响人体健康的各种有害因素的统称。其可分为以下三类：

（1）生产过程有关的因素。

1）物理因素：如不良的气象条件（高温、高湿、低温等）、异常的气压（高气压、低气压）、辐射（高频电磁场、微波、紫外线、红外线、放射线）、噪声、振动等。

2）化学因素：如工业毒物、粉尘等。

3）生物因素：如某些寄生虫、微生物等。

（2）劳动过程中产生的有害因素。如劳动组织和制度不合理、精神紧张、劳动强度过大、频度过密等。

（3）生产环境中固有的有害因素。如自然环境中的不良因素、厂房建筑不合理等。

劳动任务：参观陶瓷工厂，学习安全知识

陶瓷行业除存在肢体的工伤危害外，还有尘肺病、噪声聋、中暑和重金属中毒等职业危害因素。

制造陶瓷的主要原料是黏土、石英、长石——二氧化硅的不同形态。从矿石开采、粉碎、碾磨、原料运输、储藏，到陶瓷制造中的混料等工序，工人都会接触二氧化硅粉尘。陶瓷产品烧制完成后，切边、抛光、打磨的工序也会产生二氧化硅粉尘。如果不做好防尘措施，长期接触者容易患上尘肺病。

在陶瓷原料、陶釉矿物的开采和粉碎中，要采用喷水湿式作业，不能采用喷水湿式作业的生产环节，则采用机械自动操作，或在密闭的环境下处理原料，以减少粉尘扩散，同时尽量减少人员接触。工人必须佩戴防尘口罩，下班后做好清洁。

在陶瓷原料开采时的爆破，陶瓷制造中的混料、成型，产品处理过程中的切边、抛光、打磨等工序中，都会产生噪声。长期处于噪声的环境中会使人烦躁不安、心跳加速、血压升高。除造成听力损伤外，噪声还会对人体造成多方面的损伤，包括神经系统、心血管系统、内分泌系统、消化系统，以及视觉、智力等。

按照国家职业卫生标准，作业环境的噪声一般情况下不能超过85分贝。在产生噪声的车间，可选购低噪声设备，或安装吸声材料。工人应佩戴防噪声耳塞、耳罩等。

陶坯在窑炉中进行高温煅烧，炉温可达到1 000 ℃以上。高温会使人体体温调节发生障碍，人体水分、无机盐类等成分也因过度消耗而缺失，如果得不到及时补充，就会导致人体新陈代谢发生紊乱，引起中暑。轻者出现发热、乏力、头晕、恶心等症状，严重者会伤及大脑神经，出现剧烈头痛、抽搐，还会出现昏迷，乃至终身残疾与死亡。

夏天是中暑多发期，应尽量将高温窑炉与工人隔离，保持作业环境通风，尽量保证水、盐及其他营养成分的供给、补充，同时采用轮换制度，避免工人长期在高温下工作。

陶瓷釉料及色料中有时会含有铅、镉、镍、铬、铝等重金属化合物。在施釉、配料、混料、运输或储藏过程中，如果防护不当，这些重金属会随着釉粉通过口、鼻进入人体，在人体中积聚过量，就会造成伤害。轻者引起超标，严重者还会导致中毒。

劳动任务单

姓名	×××	班级	×××
心得体会			

模块三
职业劳动观

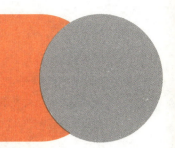

引言

"崇尚劳动、热爱劳动、辛勤劳动、诚实劳动!"随时光变幻的是劳动者的形式,不变的是劳动者的精神。春生夏长,秋收冬藏,时间给予中华民族内在的智慧和精神力量,也支撑起每位劳动者"疲惫世界里的光荣梦想"。

单元一 职业素养与行为规范

学习目标

了解职业行为规范与职业礼仪,掌握社会主义职业道德。学会职业人的行为方式与观念,理解从大学生到职业人的身份转变。

理论概述

职业素养是人类在社会活动中需要遵守的行为规范,个体行为的总和构成了自身的职业素养。职业素养概括地说包含职业道德、职业思想(意识)、职业行为习惯、职业技能四个方面。前三项是职业素养中最根基的部分,属于世界观、人生观、价值观范畴的产物,从出生到退休或至死亡逐步形成、逐渐完善。而职业技能是支撑职业人生的表象内容,通过学习、培训比较容易获得,可以通过一定的时间让人们掌握入门技术,在实践运用中日渐成熟而成为专家。但在实际中,企业更认同的道理是如果一个人基本的职业素养不够,如忠诚度不够,那么技能越高的人,其隐含的危险越大。在衡量一个人时,企业通常将两者的比例以3.5~6.5进行划分。职业素养是内涵,个体行为是外在表象,用大树理论来描述两者的关系,即每个人都是一棵树,原本都可以成为大树,根系就是一个人的职业素养,枝、干、叶、型就是其显现出来的职业素养的表象，要想枝繁叶茂，首先必须根系发达。

"素质冰山"理论认为，个体的素质就像水中漂浮的一座冰山，水上部分的知识、技能仅仅代表表层的特征，不能区分绩效优劣。水下部分的动机、特质、态度、责任心才是决定人的行为的关键因素，鉴别绩效优秀者和一般者。

大学生的职业素养也可以看成是一座冰山：冰山浮在水面以上的只有1/8，它代表大学生的形象、资质、知识、职业行为和职业技能等方面，是人们看得见的、显性的职业素养，这些可以通过各种学历证书、职业证书来证明，或者通过专业考试来验证。而冰山隐藏在水面以下的部分占整体的7/8，它代表大学生的职业意识、职业道德、职业作风和职业态度等方面，是人们看不见的、隐性的职业素养。显性职业素养和隐性职业素养共同构成了所应具备的全部职业素养。由此可见，大部分的职业素养是人们看不见的，但正是这7/8的隐性职业素养决定着、支撑着外在的显性职业素养，显性职业素养是隐性职业素养的外在表现。因此，大学生职业素养的培养应该着眼于整座"冰山"，并以培养显性职业素养为基础，重点培养隐性职业素养。

劳动任务：拍摄职业道德主题短视频

职业道德的八个基本要求：

（1）诚实守信：无论是在职场中，还是在生活中，做人都要诚实守信，这是做人最基本的准则。

（2）遵纪守法：在这个法治社会中，每个人都要遵纪守法，国家的法律、法规应严格执行。

（3）勤勉敬业：在工作上要兢兢业业、勤勤恳恳、不偷懒，认认真真地把工作当成自己的事业来做，全身心地投入，不虚度光阴。

（4）履行责任：对待工作要有责任心，责任是一种使命，对待工作认真负责，这是作为每个职场人的基本职责和基本要求。

（5）优质高效：全身心地工作，优质高效地工作。高效的工作效率是保证工作完成的基本要求。

（6）忠诚企业：忠诚地对待自己的工作，把工作当成事业，把企业当成自己的家，忠诚企业，忠诚于工作。

（7）团结协作：团结友爱，相互帮助，团队协作对促进工作的完成非常重要。团队建设在一定程度上可以更好地促进个人工作的进展。

（8）务实创新：在工作学习上，每个人都要有创新的意识。

模块三 职业劳动观

劳动任务单

主题	我拍"职业道德"短视频				
劳动类型	小组劳动				
脚本设计					
成员及分工	自行组队分配				
劳动成果	提交视频				
评价	自评	（1～10分）	互评	（1～10分）	综评	（计学分）

单元二　技术进步与职业发展

学习目标

了解技术发展对职业产生的影响，掌握现代职业的基本要素和功能。

理论概述

劳动创造了人类，也创造了技术。技术的进步推动了职业的新增和细化，从而进一步促进了社会分工。进入现代社会，技术的迅猛发展为人类创造了新的生活，也带来了新的社会变革，对职业变迁、职业调整起着决定性的作用。职业是人生的重要组成部分，人在社会中扮演着不同的角色，而每个角色又在特定的时期有着不同的要求。

技术的进步取代了一部分人工，淘汰了一些重复性的机械化劳动。但是不可否认科技进步带来的更多的是一系列新型产业，这也为新时代的大学生带来了更多的、更好的、新的就业机会。近年来，人工智能领域发展迅速，人们已经看到了人工智能在医疗、环境、教育等众多行业的广泛应用。然而，随着人工智能越来越多地涉及一些原本由人工完成的工作领域，许多人开始担心人工智能的发展是否会给自己的职业带来影响。

人们可以通过人工智能来解决一些重复性的工作，提高工作效率，如自动化、智能化的生产线会大大降低人工成本。另外，越来越多的工作将被人工智能系统取代，每个人都可能面临失业的风险，尤其是那些繁重的劳动工作。因此，人们是否应该对未来工作的前景感到担忧呢？有人认为，人工智能在未来几十年内的发展速度仍然会受到诸多限制，因此，对个人的工作机会的影响也不会那么大。另外，新兴的人工智能领域仍需要大量专业人才，许多从事IT行业的人应该有机会在人工智能领域寻找更好的工作机会。

虽然人工智能可以取代人类的某些重复劳动，但在许多情况下，人们仍然需要采用更好的方式与客户进行沟通，因此，拥有情感和沟通能力的人才更受欢迎。然而，也有人担心人工智能的发展将带来更加深层次的职业变革，从而剥夺人类的自主性和创造性。

未来，随着人工智能技术的不断完善，将会逐渐替代某些高级职位，如企业管理人员、高级销售人员等。因此，如果没有足够的准备，某些行业的从业人员可能会失去自己的工作，而这些工作往往与其专业技能、职业经验等密不可分。

人工智能的发展越来越成熟，未来职业方向的变化是不可避免的。然而，人工智能带来的技术进步和效率提高，也可能会带来更加丰富的职业选择和更高的生活质量。因此，人们不应该简单地担心人工智能对就业的影响，而应该积极主动地准备，努力把自己培养成为具有创新能力和创新素质的新型劳动者，勇于实践、敢于挑战，以更好地适应未来的职业变革。

劳动任务：3D 打印

3D 打印（3DP）即快速成型技术的一种，又称增材制造。它是一种以数字模型文件为基础，运用粉末状金属或塑料等可黏合材料，通过逐层打印的方式来构造物体的技术。3D 打印通常是采用数字技术材料打印机来实现的。其常在模具制造、工业设计等领域被用于制造模型，后逐渐应用于一些产品的直接制造，已经有使用这种技术打印而成的零部件。该技术在珠宝、鞋类、工业设计、建筑、工程和施工（AEC）、汽车、航空航天、牙科和医疗产业、教育、地理信息系统、土木工程、枪支及其他领域都有所应用。3D 打印运用数字化技术，将人们的创意、想法快速地变成现实，促使创新和实践能力的训练与提高。

劳动任务单

劳动寄语	3D 打印使你提升空间感，提高思维能力		
劳动类型	个人劳动	完成时间	
劳动方案设计			
姓名	×××	班级	×××
作品名称（拟）	《×××》	参考样图	
使用材料/工具/设备	3D 打印机	设计尺寸	

续表

工艺过程设计							
几种类型的 3D 打印：https://www.cnblogs.com/ChanJT/p/16133898.html							
3D 打印机机型的简单介绍：https://www.cnblogs.com/ChanJT/p/16133898.html							
过程记录	（实践过程中遇到的问题、困难及失败和成功的经验）						
劳动成果	（贴图）						
劳动感想	（谈谈亲身感受）						
评价	自评	（1～10 分）	互评	（1～10 分）	综评		（计学分）

单元三　职业选择与创业能力

学习目标

了解并分析自己的职业兴趣，调适职业价值观，理解创新与创业的区别和联系。将自己的专业知识和理想信念结合起来，提升创业能力。

理论概述

影响职业选择的因素有心理因素、信息因素、判断因素、潜力因素、学习因素，以及自身优势、性格特质、兴趣倾向、职业理念、知识技能、方向选择、行业定位、企业匹配、路径设计等。

（1）心理因素。所谓性格决定命运，一个人的性格是否适合自己从事的职业，是职业规划首先要考虑的基础。有些人性格比较内向，不善言辞，如果让他做销售这个行业，可能会觉得很不适应，以致最后郁郁寡欢，在挫折中孤掌难鸣，他缺乏的是适时的沟通，人际关系也因此淡化，这样的销售员到头来只会一无所获、两手空空，企业也因此浪费资源。

（2）信息因素。无论你承认与否，信息无时无刻不在影响着我们生活中的方方面面，每个人也通过信息感受到了便捷与快速。从这一点来说，选择理想职业也有影响。

（3）判断因素。在信息因素中，只是你寻找信息的一个过程，如你踢足球，前期

的过人、传球不仅为你临门一脚做出铺垫，同样有针对性地收集特定与之相关的信息并经过理性、科学的判断。

（4）潜力因素。如果你是一名运动员，在被录用时教练肯定要看你是否有发展潜力。而选择理想职业，同样也需要具备潜力因素。

（5）学习因素。目前，企业不仅是对于学历有高要求，对于经验和能力也很大程度在考查范围内。一个人能否适应本职工作，能否在本职岗位做出成绩，很大程度考验职场新人的学习能力。

创业能力是各项能力的综合，如洞察力、毅力、管理能力、业务能力等，具备这样能力的人一般可塑性非常强，环境的适应能力也非常强，这类人非常符合企业重点培养对象，而且一般是向管理层进行培养。

（1）创业能力是指拥有发现或创造一个新的领域，致力于理解创造新事物（新产品、新市场、新生产过程或原材料、组织现有技术的新方法）的能力，能运用各种方法去利用和开发它们，然后产生各种新的结果。

（2）创业能力可分为硬件和软件。硬件就是人力、物力和财力；软件就是创业者的个人能力，包括专业技能和创业素质。创业素质包括创业热情、价值观、发现能力及创新能力。其中任何一个方面都是可以再细分的。

（3）与就业能力相比，创业能力更需要的是发现的眼光、创新的智慧。职业生涯设计是指个人在掌握自己职业兴趣、爱好、特长的前提下，在认真分析自己性格、能力、特点和内外部环境因素的基础上，结合自己所学专业及知识技能结构，以实现个人发展的成就最大化为目的而做出的行之有效的安排。

（4）职业生涯包括一个人从职业学习开始到职业劳动，至最后结束这一生的职业工作所经历的全部过程。从事一项你所喜欢的工作，工作本身就能带给你一种满足感，你的职业生涯也会从此变得妙趣横生。兴趣是最好的老师，是成功之母。调查表明：兴趣与成功概率有着明显的正相关性。在设计自己的职业生涯时，务必注意：考虑自己的特点，珍惜自己的兴趣，选择自己所喜欢的职业。

（5）任何职业都要求从业者掌握一定的技能，具备一定的能力条件。而一个人一生中不能将所有技能全部掌握。所以，你必须在进行职业选择时择己所长，从而有利于发挥自己的优势。运用比较优势原理充分分析其他人与自己，尽量选择冲突较少的优势行业。

（6）社会的需求不断演化着，旧的需求不断消失，新的需求不断产生，新的职业也不断产生。所以，在设计自己的职业生涯时，一定要分析社会需求，择世所需。最重要的是，目光要长远，能够准确预测未来行业或职业发展方向，再做出选择。不仅是有社会需求，而且这个需求要长久。

劳动任务：大学生创新创业项目计划书

大学生创新创业项目一般是指大学生创新创业训练计划项目，通过实施国家级大学生创新创业训练计划，促进高等学校转变教育思想观念，改革人才培养模式，强化创新创业能力训练，增强高校学生的创新能力和在创新基础上的创业能力，培养适应创新型国家建设需要的高水平创新人才。

劳动任务单

主题	工艺美术类创新创业项目				
类型	个人 / 团队劳动				
项目概述					
成员及分工	个人 / 自选组队				
劳动成果	计划书大纲 / 框架PPT				
评价	自评	（1～10分）	互评	（1～10分）	综评	（计学分）

模块四
未来劳动观

引 言

在新的历史阶段,"劳动创造美好未来"这个古老而又年轻的命题被赋予新的历史使命和战略意义。美好未来要靠劳动去创造,可以说没有劳动就没有人类,没有劳动就没有人类的美好未来。

单元一 劳动发展新趋向

学习目标

了解新技术发展为人类劳动带来的新变化及对劳动者素质的新要求,学会正确看待人与技术之间的关系,摒除"劳动无用"的认识误区,积极做好职业发展规划,迎接未来劳动世界的挑战。

理论概述

从18世纪开始的工业革命机器大生产,极大地提高了社会生产力,同时,也带来了人类劳动的异化,这种异化表现为劳动者不能自由支配自己和自己的劳动,劳动从人的内在需要变成了外在的不属于它的本质的东西,脱离了人的本性。马克思在《1844年经济哲学手稿》中指出,工人"在自己的劳动中不是肯定自己,而是否定自己,不是感到幸福,而是感到不幸,不是自由地发挥自己的体力与智力,而是使自己的身体受折磨,精神遭摧残"。劳动的异化直接导致了人的异化,造成了人类社会各个领域的异化。随着新科技革命加速演进特别是计算机和互联网的发展,新时代的生产劳动走出异化的困境,逐渐成为人类自由自觉的活动。

未来人们的劳动将会是这样的:双手敲击键盘,双眼紧盯屏幕,因为要通过敲击键盘来书写程序;控制正在代替人类工作的机器人。从田间地头到高档写字楼,人们的工作很多都已经被机器代替。未来唯一不变的劳动就是脑力劳动。科技的发展释放了人类的双手及大量体力,未来投资智力开发将是这个世界的主流。智力越开发,人类就越进步,社会就更文明,生活就更加美好。但是无论时代如何变迁、科技如何进步,勤劳的人始终是世界上最受尊敬、最可爱的人,勤劳的人改变世界、引领世界。未来的劳动人工智能的发展会替代人们的工作,这就意味着人们不必再做一些工作,可以从辛苦的劳动中解放出来。没有更多的苦差事,人们可以以一种新的方式发展成为创新者、探索者和思想家。智能化和信息化将是未来的趋势,能够处在社会上层地位的将会是那些高素质人才,比较低端的劳动会交给机器人去做,其他人普遍都会参加文艺劳动。

归根到底劳动是一种价值,是为人类共同的社会和子孙后代创造一个更加美好的未来,也是教育后代传承优良劳动美德的一个实践行为。

劳动任务:"绘制未来蓝图"

未来的劳动特点将会是多样化的、智能化的、灵活化的、绿色化的。多样化的劳动指的是劳动的类型和形式将会更加多样化,传统的职业将会被更多的新兴职业所取代,如互联网行业、新兴产业等;智能化的劳动指的是人工智能技术的发展将会带来更多智能化的劳动,如自动机器人、无人机、机器人工人等;灵活化的劳动指的是劳动者可以更加灵活地安排自己的工作时间,可以根据自己的情况来安排工作,如远程办公、自由职业等;绿色化的劳动指的是劳动者将会更加关注环境保护,推动绿色劳动,如可持续发展、回收利用等,以减少对环境的污染。

劳动任务单

劳动寄语	发挥特长,用双手"绘制你的未来蓝图"				
劳动类型	个人劳动				
选择种类	根据自己的兴趣特长选择不同种类的作品呈现形式				
设计制作过程					
成员及分工	个人				
劳动成果	(DIY 作品)				
评价	自评	(1~10分)	互评	(1~10分)	综评	(计学分)

单元二 未来创造性劳动

学习目标

理解创造性劳动的基本要素，认识新技术变革带来的创新创业新机遇。结合所学专业树立在专业劳动中追求创新、创造的意识。

理论概述

创造性劳动也称为创造劳动或创新劳动，是指人们突破惯常的思维方式、生产方式、组织方式，创造和运用全新的思维观念、知识技术、工艺流程等，产生新知识、新技术、新思维、新成果，从而提高劳动效率，或产生超值社会财富，或产生新成果的劳动。创造性劳动不是刻板劳动，而是在劳动中讲究多动脑、多思维、多变化。

从劳动推动生产力的不同性质来对劳动进行分类，劳动可分为创造性劳动和普通劳动。创造性劳动具有示范引领作用，人们总是先有创造性劳动，提高了劳动效率，进而对创造性劳动进行推广，然后才有更多的人模仿创造性劳动，形成广泛的普通劳动。创造性劳动示范引领，普通劳动紧跟发展步伐，以此形式循环演进、盘旋上升，推动社会发展。创造性劳动是劳动最重要的构成部分，普通劳动是创造性劳动的基础，创造性劳动植根于普通劳动，诞生于普通劳动过程，创造性劳动可以引领普通劳动发展进步。

对于当代大学生来说，肩负着振兴国家和社会的重大使命，理论知识只是完成这一使命的基本前提，创造才是核心竞争力。当代大学生首先应牢牢掌握理论基础知识，这是创造的基础，没有理论依据作为支撑，一切想象和猜测都是空中楼阁，经不起推敲。只有在扎实的理论知识积淀下才能出现创造的可能。掌握理论基础知识不是指闭门造车，自闭式的学习所造就出来的创造成果，只能停留在理论基础上，要创造出社会所需要的成果，就需要融入社会中，将理论结合实际才能发掘出实用的创造力。当代大学应当结合实际的大学生活将校园生活与社会相结合，将学习到的理论知识融入社会的实际应用中，这样才能有效地激发潜在的创造力。

劳动任务：日常劳动创造、创新研究

创新是社会发展的不竭动力，只有不断地创新，社会才会更加地方便、快捷。大学生作为社会主义发展的核心力量，更要提高创新意识，培养创新思维。提高创新意识，培养创新思维可从以下五个方面入手。

（1）打开禁锢的思维。想要提高创新意识，培养创新思维，就需要打开禁锢的思维。思维通常会受到思维定势的影响，无法突破现有思维，这样是很难创新的。

（2）从多个方面思考问题。在生活中，人们会遇到各种各样的问题。遇到问题之后，要从多个方面思考问题，把问题看全面、考虑全面，创新意识也就慢慢地提高了。如果只是从一个角度思考问题，创新思维很容易受到限制。

（3）参加创新活动。每所大学都有各种各样的创新活动。无论是社团、学生会组织的创新活动，还是学校组织的创新比赛，要踊跃报名，积极参加，从参加活动的过程中提高自己的创新意识。

（4）激发"创新"的兴趣与欲望。想要提高创新意识，就需要激发"创新"的兴趣与欲望。动机是学习的动力，有了强烈的"创新"兴趣与欲望，就会主动地去创新。

（5）学习创新知识。创新不是空中楼阁，所有的创新都是基于一定的理论与技术支撑的。可选修学校的创新课程或自主学习一些创新知识，这样就容易创新成功了。

劳动任务单

劳动寄语	用普通的劳动创造不一样的精彩				
劳动类型	个人劳动				
创新点	找寻身边力所能及的劳动形式，创新劳动技巧和方式				
成员及分工	个人				
劳动成果	创新结果				
评价	自评	（1～10分）	互评	（1～10分）	综评	（计学分）

劳动实践篇　第二篇

模块五　日常生活劳动
模块六　生产创造劳动

模块五
日常生活劳动

单元一 日常生活技能之衣食住行

衣食住行是人类生活的基本内容，也是人类生活文化的重要组成部分之一。五花八门流行于世的"饮食文化""茶文化""酒文化""服饰文化""旅游文化"等，即衣食住行文化的组成部分。美国著名人类学家罗伯特·路威于1929年撰著的《文明与野蛮》中，即以第五章～第十章及第十二章部分内容专谈人类的"食住衣行"；法国年鉴学派历史学家费尔南·布罗代尔（1902—1985年）于20世纪60年代写过一部大著，名为《十五至十八世纪的物质文明、经济和资本主义》，他在第二章～第四章及第六章部分内容中专门谈及人类的"食住衣行"。两书皆以"食住衣行"为论述先后顺序（可见西方人大多视"食"为日常生活的第一要素）；日本人连称"衣食住"是从中国借用而来（中国人习惯连称为"衣食住行"），这已属不刊之论。

人们的衣食之源是美好生活的保证，当今物质生活相对富足，许多学生不知道劳动的艰辛，不知道生活的艰难，怕吃苦，不喜欢参加劳动，生活中的攀比、浪费现象屡见不鲜。让人们从最熟悉的自己家的餐桌开始，由近及远，将视角投向生活的各个方面，回到熟悉的生活中，回顾日常生活中的衣食住行，调动和利用已有的生活经验，从生活中提取素材，感受与人类生活息息相关的生活要素，了解衣食之源的知识，激发情感共鸣，懂得勤俭节约的道理，自觉珍惜劳动成果，尊重劳动人民。

任务1："一粥一饭，当思来之不易；半丝半缕，恒念物力维艰"

从"衣食住行"中自主组队选择去家里、超市、工厂等进行初步的社会调查，观察社会事物，获取社会信息，并且寻找相关的图片、视频、实物等。

任务2：餐桌上的大米饭是怎么来的

【展示图片】餐桌上的大米饭是通过育秧、插秧、田间管理、收割、碾米及烹煮而来。首先，农民精心培育和护理秧苗，再将这些秧苗移栽到宽广的水田里，为了使秧苗苗壮成长，农民在田间进行施肥、喷药、排水等管理，待稻子成熟，使用收割机将稻子脱粒成稻谷，然后将稻谷送进碾米机，就会得到白花花的大米。最后，通过烹煮成为餐桌上的大米饭。

任务3：猜一猜丰富的生活产品从哪里来

从最熟悉的自家餐桌入手，介绍自己家餐桌上的美食，对于食物的形成有基本的概念。由此拓展至家庭和学校生活中所使用到的衣食住行各种产品，了解它们的生产过程。

项目	生活产品	所属产业	生产过程	附图/视频
衣				
食				
住				
行				

单元二　良好生活习惯之自我管理

自我管理又称为自我控制，是指利用个人内在力量改变行为的策略，普遍应用于减少不良行为与增加好的行为的出现。自我管理注重的是一个人的自我教导及约束的力量，即行为的制约是通过内控的力量（自己），而非传统的外控力量（教师、家长）。古希腊哲学家泰勒斯曾经说过："做什么事情最容易？向别人提出意见最容易；做什么事情最难？管理好自己最难。"

每个看似微不足道的习惯，都会在某个时刻影响人生。对于大学生而言，做好自我管理是必不可少的，良好的生活习惯是大学生成长和发展的重要基础，只有做好自我管理，才能使自己更好地适应大学生活以及将来开展自身事业。

任务1：制订生活规划

撒切尔夫人有句名言："注意你的习惯，因为它将变成性格；注意你的性格，因为它将决定你的命运。"健康规律的生活习惯能使生活更有节奏、更有序。每天按时起床、按时吃饭、按时睡觉，保持良好的生物钟，提高自己的精神状态。多运动，少熬夜，勤加锻炼，保持身体健康是实现一切理想的基础。培养有益的兴趣爱好，使生活多一种可能；管理好情绪，保持积极向上的态度和乐观豁达的心态，万事可期。

任务2：日常自我修养

古人说："礼义之始，在于正容体，齐颜色，顺辞令。"干净整洁，衣着得体，是对自己的生活负责，也是给岁月最好的修饰。一个真正对生活有态度的人，是不会将自己邋遢脏乱、不修边幅的仪容仪表展示给别人的。

干净整洁的仪容仪表：穿着整洁、干净的衣服，不佩带太多的饰品或穿着过于花哨的服装；保持发型整洁，面部和指甲干净，注意口气和身体气味；在交流中保持礼节礼貌，表现出尊重、友好和礼貌的态度，避免使用粗俗或冒犯性的语言；遵守社交礼仪，保持适当的距离和姿势，注意表情和手势；养成良好的卫生习惯，定期清理生活和学习场所的垃圾。

任务 3：做好时间管理

《礼记·中庸》中有句古训："凡事预则立，不预则废。"时间是宝贵的，规划好每天的生活/学习时间分配。作为大学生来说，应当将更多的时间用在学习上，明确每天的学习目标，将学习时间分配到不同的课程和科目，提高学习效率。培养自学能力，独立地完成知识的学习和掌握，学会如何正确地利用图书馆、网络等资源，获取相应知识，提高自己的自学能力。

单元三　天下美食之四菜一汤

一、学做"四菜一汤"

1. 准备

第一步：确定菜名，列出食材清单。
第二步：购买食材，体验商品交易。
第三步：处理食材，学会生活技巧。

扫码查看彩图

2. 实操

第一步：了解烹饪需要用到的各种厨具、炉具特点及操作方法，避免造成意外的伤害。

第二步：开始烹饪菜肴，选择烹饪的方式，掌握油量的多少、火候的控制、食材下锅的顺序、调味品的使用。

第三步：将烹饪好的菜肴出锅装盘，根据自己的想法，创意摆盘，让菜品显得更加出彩。

3. 品鉴

第一步：把自己亲手做好的菜肴端上餐桌，介绍自己的菜品，邀请家人一同分享劳动成果。

第二步：在品尝菜肴时，征询家人对自己劳动的评价，接受家人的肯定和反思自己的不足。

4. 展示

将烹饪的劳动过程用视频、照片的形式记录下来，讲述自己的劳动体验。

二、参考菜谱

1. 青菜杏鲍菇（图 5-1）

食材：青菜 500 g，杏鲍菇 50 g。

辅料：食用油、盐、鸡精适量。

做法：

（1）青菜洗净切碎，杏鲍菇泡发。

（2）起锅热油煸炒青菜、杏鲍菇片刻。

（3）放少许水焖煮 3 min。

（4）放入盐和鸡精调味即可。

图 5-1

2. 酥皮蒜香鸡翅（图 5-2）

食材：鸡中翅 6 只。

辅料：生粉 30 g，蒜蓉半汤匙，生抽 1 汤匙，食用油、白糖各 2 小匙，盐 1 小匙。

做法：

（1）鸡中翅洗净擦干，将其所有辅料搅拌均匀放入冰箱腌制过夜备用。

（2）将腌制过夜的鸡中翅取出拍上生粉。

（3）在锅中倒入适当油，以大火烧热后（约 8 成油温）放入已拍粉的鸡中翅随即熄火（用浸炸方法），待油温稍凉后约 3 min，再温炸至鸡中翅金黄色即可取出上碟。

图 5-2

3. 肉末粉丝（图 5-3）

食材：瘦猪肉 50 g、粉丝 75 g。

辅料：青蒜 25 g、大葱 10 g、姜 5 g、花生油 50 g、酱油 15 g、料酒 10 g、盐 3 g、味精 2 g。

做法：

（1）猪肉切末。

（2）粉丝用热水泡透。

（3）葱、姜洗净切成末。

（4）青蒜择洗干净，切成半厘米长的短节。

（5）锅洗净上火烧热，放入油烧到温热，放入肉末炒散炒透。

（6）放入葱、姜炒出香味，再下入料酒、酱油、盐、汤（或水）（250 mL）烧开。

（7）放入粉丝，用中小火烧透入味。

（8）下入味精和青蒜即可。

图 5-3

4. 蒜黄炒鸡蛋（图5-4）

食材：蒜黄、鸡蛋。

辅料：盐、水。

做法：

（1）将鸡蛋打在碗内，搅拌均匀，加入少量食用盐和清水，继续搅拌均匀备用。

（2）蒜黄清洗干净，切成小段备用。

（3）锅内加油烧热，油热后先将鸡蛋液倒入锅内炒熟盛出。

（4）另起锅加油烧热，油热后加入蒜黄段，快速翻炒均匀。

（5）蒜黄炒软后，加盐继续翻炒，倒入炒熟后的鸡蛋，一起翻炒均匀即可出锅。

图5-4

5. 尖椒干豆腐（图5-5）

食材：干豆腐、猪肉。

辅料：尖椒、葱、姜、大蒜、水淀粉、盐适量。

做法：

（1）先将干豆腐清洗干净，再切成3 cm左右宽的条，再斜刀切成菱形片。

（2）尖椒清洗干净，并去蒂、去籽，再切成菱形片。

（3）猪肉清洗干净切成薄片，放在碗中，加入料酒、淀粉，用手抓均匀，腌制10 min。

图5-5

（4）锅加水烧开，下入干豆腐焯水2 min，捞出控水待用。

（5）锅加油烧热，下入葱花、姜末爆香，再下入肉片翻炒，将肉片翻炒至颜色变白。

（6）下入干豆腐，淋入半碗水，加入盐，烧开，煮几分钟。

（7）下入尖椒，翻炒均匀。

（8）淋入适量的水淀粉勾芡，大火加热至汤汁变得黏稠，加入蒜末，翻炒均匀，关火，盛出装盘即可。

6. 胡萝卜蒜薹炒肉丝（图5-6）

食材：猪肉、胡萝卜、蒜薹。

辅料：葱、姜、鸡粉、盐、蚝油、胡椒粉、料酒、生抽。

做法：

（1）准备里脊肉，将里脊肉先切片，然后改刀切肉丝。

（2）将切好的肉丝放入碗中，加入少量盐、生抽、胡椒粉、料酒，用手抓均匀，打入一个

图5-6

鸡蛋清，加入适量淀粉，继续用手抓均匀。

（3）将胡萝卜切丝，蒜薹切成小段，放入容器备用。

（4）起锅加油烧热，倒入姜丝、蒜末、干辣椒爆香，下入腌制的肉丝翻炒，翻炒至肉丝变白。

（5）倒入蒜薹、胡萝卜，大火翻炒，加入盐、鸡精、蚝油、生抽，翻炒均匀。

（6）炒熟出锅即可。

7. 鱼香杏鲍菇（图5-7）

食材：杏鲍菇、木耳、胡萝卜。

辅料：酱油、蚝油、米醋、糖、淀粉、盐。

做法：

（1）调好鱼香汁：将酱油、蚝油、米醋、糖、水淀粉倒入碗中混合搅拌均匀，加入少许盐调味。

（2）将杏鲍菇、胡萝卜、木耳处理干净切丝，姜、蒜剁成末。

（3）杏鲍菇放入开水中焯水1～2 min，变软捞出，沥干水分，再倒入木耳过开水捞出。

（4）热锅下油，倒入姜、蒜末爆香，倒入胡萝卜丝翻炒。

（5）胡萝卜丝变软后倒入杏鲍菇、木耳快速翻炒，水稍干时倒入调好的鱼香汁。

（6）快速翻炒，酱汁收得差不多时即可出锅。

图5-7

8. 凉拌鸡蛋干（图5-8）

食材：鸡蛋干两块，香菜、小葱一小把，小米椒，大蒜。

辅料：孜然粉、辣椒面、食用油、生抽、陈醋、芝麻香油、白糖、鸡精、盐。

做法：

（1）将鸡蛋干从中间片开后切成宽条，香菜、小葱切成细丝，小米椒切成几个圈，大蒜拍扁切成末。

图5-8

（2）把切好的鸡蛋干、香菜、小葱放入碗中，加入一勺孜然、三勺辣椒面，搅拌均匀。

（3）准备一个小碗，加入少许食盐、鸡精2 g、白糖少许、提鲜生抽10 g、陈醋10 g，再倒入一些芝麻香油，将调料搅拌备用。

（4）在锅中烧一些热油，将热油浇在蒜末和小米椒上面，激出香味。

（5）将料汁都倒在装有鸡蛋干的盆中，颠盆搅拌均匀即可。

9. 鲫鱼豆腐汤（图 5-9）

食材：鲫鱼 2 条、豆腐 1 块。

辅料：小葱适量、姜 1 块、盐适量、料酒 2 勺、白胡椒粉适量。

做法：

（1）将鲫鱼处理干净后，加点细盐抹全身，沥干水。豆腐切块备用。

（2）把锅烧热，倒入少量油，转动锅，让油滑一下锅，再倒出，再加入要煎鱼的油，把鱼放入煎，一定要把开肚的部位朝下，这样才不会爆油。

图 5-9

（3）把鱼两面煎黄后，烹入料酒，加入姜片，倒入凉水，再加入豆腐。马上盖上锅盖，改中大火，开始煮鱼（一定要中大火，如果火小了，汤则是清的，不白）。

（4）煮 15 min，鱼汤就能变成奶白色，这时加盐调味，加入两根小葱去腥。

（5）加入葱花，撒上白胡椒粉，就可以喝鲜美的奶白鲫鱼汤。

10. 白萝卜玉米排骨汤（图 5-10）

食材：排骨、白萝卜、玉米。

辅料：姜、枸杞、葱花、料酒、盐适量。

做法：

（1）将排骨焯好水后捞出，用清水冲洗掉浮沫沥干备用。

（2）白萝卜去皮后切成块，玉米洗净后切成段，生姜切片装盘备用。

（3）锅中加入足够的清水煮开后，加入焯好水的排骨、葱、姜片和适量的料酒。

（4）再次沸腾之后，撇去表面浮沫，转成小火，加盖煲 1 h。

图 5-10

（5）1 h 后放入白萝卜和玉米继续煲 0.5 h。

（6）快出锅时加入适量的盐调味，再将枸杞放入即可。

11. 冬瓜干贝汤（图 5-11）

食材：干贝 50 g、冬瓜 600 g。

辅料：生姜 10 g、葱 15 g、盐适量。

做法：

（1）把干贝洗净，姜切片，葱切段，冬瓜去皮、去瓤洗净切块。

（2）将干贝倒入锅中，放入姜片，再倒入一大

图 5-11

35

碗水烧开。

（3）水开以后转中火煮 20 min，加入冬瓜，放入适量盐煮 3 min，放入葱段，搅拌均匀即可出锅。

单元四　同安薄饼

三月节吃薄饼（也称春卷）是闽南民间一种习俗，民国《同安县志》记载"俗传为蔡复一夫人所制"。蔡复一（1577—1625 年）是明代同安县金门蔡厝人，官至"五省经略"。他才华横溢、文韬武略，但却遭遇奸人陷害，朝廷限他 49 天内抄写 9 大箱的文书。蔡复一夜以继日，废寝忘食。夫人李氏（同安驿路潮州令李春芳孙女）想出妙法，制作了由面皮包裹炒饭、菜烩的薄饼（图 5-12）。每到就餐时间，就双手捧着薄饼，送到丈夫嘴边，让他就餐。这样不仅不耽误写字，又让丈夫吃得香美可口。在蔡夫人的精心照料和协助下，蔡复一终于如期抄完那些文书。从此，薄饼在同安及周边地区广泛流传，甚至传播到新加坡、马来西亚、中国台湾、中国香港等国家和地区。2009 年，同安薄饼传统习俗被列入厦门市市级非物质文化遗产代表性项目名录；2017 年被列入福建省省级非物质文化遗产代表性项目名录。

图 5-12

薄饼是采用精白面粉调成糊状，在又大又平的铁煎锅中，烤成一张张形似圆月，薄如绢帛的半透明饼。吃薄饼时，将饼皮摊在瓷盘上，撒上炸海苔、炸米粉、花生末，再放入用糯米、虾仁、香菇加入骨头汤焖煮的油饭，以及高丽菜、胡萝卜、豆干、大蒜、冬笋、豌豆、海蛎、虾仁、三层肉等原料炒成的菜料，最后卷成圆筒状，捧在手上，咬上一口，既有"春到人间一卷之"的诗味，又有"包金包银"的吉祥含义（图5-13）。

图 5-13

用料：薄饼皮10张、三层肉300 g、香菇10朵、虾仁100 g、球菜1个、胡萝卜1根、豆干3块、盐少许、鸡精1勺、芹菜3根。

做法：

（1）准备好泡发的香菇、新鲜的三层肉、鲜虾仁（图5-14）。

（2）准备好猪肉、香菇、豆干、球菜，胡萝卜切丝，虾仁切丁备用（图5-15）。

（3）锅热下三层肉煸炒出油（图5-16）。

（4）将肉炒干（图5-17）。

（5）加入香菇爆香（图5-18）。

（6）爆香后加入豆干、虾仁翻炒（图5-19）。

（7）放入胡萝卜、球菜翻炒均匀（图5-20）。

（8）菜炒熟后放入芹菜继续翻炒至熟，盛出备用（图5-21）。

（9）拿出一张薄饼皮摊平（图5-22）。

（10）加入提前煮好的油饭（闽南油饭的做法未介绍）加上刚炒好的薄饼菜（图5-23）。

图 5-14　　　　　　　　　图 5-15

图 5-16　　　　　　　　　图 5-17

图 5-18　　　　　　　　　图 5-19

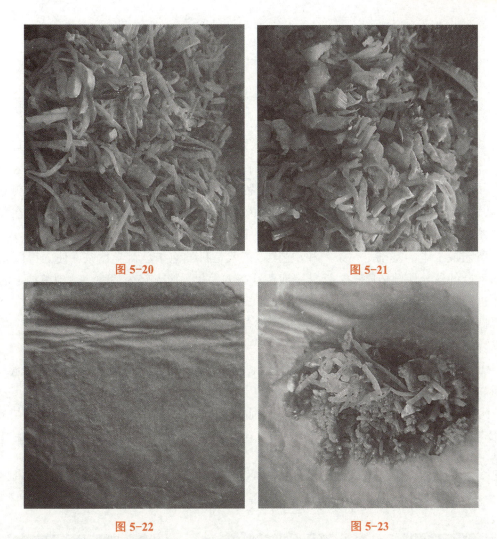

图 5-20　　　　　　　　　　　图 5-21

图 5-22　　　　　　　　　　　图 5-23

（11）卷成一卷，同安薄饼完成（图 5-24）。

注意：在炒菜的过程中不要加水，这样每种菜都能保存原来的香气。

图 5-24

扫码查看彩图

单元五 茶 艺

茶艺乃中华文化的国粹,茶艺在中国优秀文化的基础上又广泛吸收和借鉴了其他艺术形式,并扩展到文学、艺术等领域,形成了具有浓厚民族特色的中国茶文化。茶艺包括茶叶品评技法和艺术操作手段的鉴赏,以及品茗美好环境的领略等整个品茶过程的美好意境。其过程体现形式和精神的相互统一,是人们饮茶活动过程中形成的文化现象。在闽南一带尤其盛行,家家户户皆以"奉茶待客",其包含物质与精神两个基本层面。

茶艺最根本的基础是"茶"和"艺"。茶就是科学泡茶、科学饮茶,使人得以充分吸收茶叶的营养保健物质;艺就是把泡茶饮茶艺术化,使人轻松愉快,达到精神上的养生。进行茶艺活动必须具备六个条件,即茶、水、器、人、静、雅。茶艺可分为十三个步骤,即净手、烫器、请茶、洗茶、泡茶、拂盖、封壶、分杯、回壶、分茶、奉茶、闻香、品茗。

(1)净手。在斟茶之前,一定要先净手,这不仅是一个喝茶卫生问题,更是对他人的尊重。

(2)烫器(图5-25)。正式泡茶之前,必须进行的步骤是烫器,即将泡茶的一套器具都用开水冲洗一次。这样做不仅是为了卫生,也是为了给茶具预热,使茶的味道更香浓。

(3)请茶(图5-26)。雅称"马龙入宫",即将茶叶放到茶壶内。虽然过程比较简单,但从名字可以看出来,茶艺体现了对人的尊重。

图 5-25

图 5-26

(4)洗茶(图5-27)。在正式泡茶前,一定要先进行"洗茶"这一步骤。将沸水倒入壶中,让水和茶叶适当接触,然后迅速倒出,目的是清洁茶叶表面的杂质。

图 5-27

（5）泡茶（图 5-28）。泡茶重"意"，正式开始泡茶，在倒入沸水的过程中，要让壶嘴"点头"三次，这也是茶艺文化中所谓的"凤凰三点头"，以示敬意。

图 5-28

（6）拂盖（图 5-29）。"拂盖"指的是在泡茶时，沸水要高出壶口一点，然后用壶盖拂去漂浮在上面的茶沫儿，防止喝到漂浮着的茶沫。

图 5-29

（7）封壶（图5-30）。"封壶"就是盖上壶盖，同时沸水遍浇壶身，保存茶壶里茶水的浓香香气，保证饮用口感。

图5-30

（8）分杯（图5-31）。分杯体现了茶道文化，用茶夹将闻香杯、品茗杯分组放在茶托上，方便加茶。分杯时要先将杯子一字排开，而不是直接分到每个人的面前。

图5-31

（9）回壶（图5-32）。雅称"玉液回壶"，体现茶道"公正、公平、公道"的文化。轻轻将壶中茶水倒入公道杯，使每个人都能品到色、香、味一致的茶。

图5-32

（10）分茶（图5-33）。分茶也称"分壶"，把茶汤均匀地倒入闻香杯中，一般来说，斟茶只需七分满，以免饮用时茶水溢出烫伤，并且每个杯子的茶量要一致，不能厚此薄彼。

图5-33

（11）奉茶（图5-34）。奉茶体现中华文化"以茶奉客"的礼仪之美。待到泡茶、斟茶步骤都完成后，用双手将杯子送到客人面前。

图5-34

（12）闻香（图5-35）。闻香是个人感悟茶艺茶韵的时刻，随着茶汤倒入品茗杯，轻嗅闻香杯中的余香，欣赏品味茶香茶道。

图5-35

（13）品茗（图5-36）。闻香过后便可以品茗了，也就是品茶。用三指轻取品茗杯，分三口轻啜慢饮，然后放下品茗杯，显示尊重和礼节，可以在谈话交流期间继续如此，显示茶在交流中的地位和必不可少的身份。

图 5-36

无论是茶艺文化还是中国礼仪文化，体现的都是对他人的尊重，不仅体现人的一种修养，更是人与人合作的前提。虽然在日常饮茶中不需要烦琐的步骤，但茶文化中蕴含着"尊重""公正"的待人接物之道，是自古延传至今的精髓。

扫码查看彩图

模块六
生产创造劳动

单元一　创造陶艺

📖 教学目标

知识与技能目标： 领会陶艺传统文化价值，践行精益求精、锲而不舍的工匠精神。通过本阶段的学习激发学生学习陶艺的兴趣，了解陶艺制作的一般过程。

过程与方法： 初步懂得陶艺制作的基本技法与步骤，掌握捏塑法、泥板成型法、拉坯成型法等塑型方法。

情感态度与价值观： 通过欣赏分析作品，接受传统陶艺美的熏陶，培养学生钻研进取的工匠精神，增强民族自豪感。

💡 情境导入

还记得童年时玩泥巴的乐趣吗？泥巴看似平凡，却孕育了人类生生不息的文明，每件珍贵的陶瓷作品，都是祖先勤劳和智慧的象征。陶艺工作者通过不同的方法，将自己脑海中的想法变成现实，从而诞生出自己独特的陶艺作品，这就是陶艺的乐趣和魅力。早在新石器时代，祖先就用智慧和勤劳的双手，制造出了各种日用陶器（图6-1）。

图 6-1

美育生活　劳动创造——劳动实践教育手册

知识储备

一、陶艺起源

瓷器是中国人发明的，这是举世公认的。瓷器的发明是在陶器技术不断发展和提高的基础上产生的。远在9 000多年前，中国先民在从事渔猎、农业生产活动的同时，开始了最原始的建筑活动，并且随着火的发明和使用，在长期劳动实践中，伴随着无数次失败与成功的体验，开始制造和使用成为中国古文化之一的艺术创造物——陶器，并揭开了人类发展史上的"新石器时代"。尽管因时代、地区或民族的差异，以及其他条件的种种影响，陶器的形式、风格发生过多样变化，也各自产生了很多特点，却都表达着自己的时代精神，而这种精神在新石器时代首先表现在陶器的器形与纹饰和质地的感觉上。新石器时代中期中国制陶业取得的最大成就就是彩陶艺术，各个地区文化彼此影响、相互交流或继承发展，在中国历史长河中形成了共同又丰富多彩的艺术风格。

中国传统陶艺制作源远流长，至今已有几千年的历史，仍盛而不衰，历朝经济的发展，技术的进步，时代风尚的不同，审美观的变化，在陶艺中反映得十分突出，国内外许多学者、艺术家都非常重视对中国传统陶艺的研究。但是在相当长的一段时间内，对这门集科学技术和文化艺术于一身，凝聚着中华民族审美历程的传统陶艺的研究，往往停留在美术造型及装饰技法上，还不够全面，研究中国传统陶艺的一个重要特色，是立足于总结中国传统陶艺及其制作工艺和装饰工艺的优良传统。"传统"不属于旧规范化的别称，而是意味着一种工艺和艺术体系的特征。中华民族在长期的历史过程中所形成的民族特性，反映到陶艺上并产生独特的民族风格，这种民族风格以其特有的工艺技术和艺术形式，显示它自己的风貌，它是中华民族智慧的结晶，是东方文化的典范。

二、历史沿革

陶艺伴随着陶瓷的产生而发展，首先是满足人类自身实用功能的需要，同时在实用的基础上，通过造型装饰和泥釉火焰又寄托原始的朴素美，继而发展为实用和欣赏兼备的民间艺术品。如今已脱离实用功能，以纯精神的感情需要为出发点，开创了一条纯艺术的道路。

作为一种文化体系的艺术创造，在任何时候都不是凝固的，而是处于不可遏止的发展状态之中。同样，陶艺也不例外，每一朝代都有时代特征，如宋代的秀丽、元代的浑厚、明代的精工、清代的精致。甚至同一朝代也有不同的发展阶段。如明代青花瓷、宣德青花瓷浓艳华美、气韵淋漓、豪放生动；成化青花瓷则淡雅清新、优美细腻。翻开中国陶瓷发展史，在每个朝代的任何一个阶段，几乎都有陶艺的新品种、新工艺和新风格出现。由于种种原因，这些宝贵的制瓷工艺，到了近代却淡化甚至失传。因此，研究和总结中国传统陶艺的制作工艺和装饰工艺技法，并不纯粹是一个技术理论问题，而是关系到中国陶艺是否能永葆艺术青春,甚至关系到中国在世界各国人民心目中的形象。

中国传统陶艺所具有的东方艺术的情韵风格,不是短时间内形成的,其仍扎根于人民之中,集中了无数陶艺前辈的智慧和创造力,经过历史的不断锤炼,然后形成优良传统。它贯穿着民族性格、民族感情,体现了民族审美意识的共同特性,代表着民族的精神实质。中国的陶艺前辈在长期的实践中,积累和形成了一套丰富的经验,创造了多种的工艺技法。正是这一套制瓷的优良传统,历代相传,不断发展,使中国陶艺几千年来一直处于世界领先地位,并对世界文化产生深远的影响。

体验探究

陶艺制作流程

陶艺就是陶瓷艺术,也就是用硅酸盐材料制成的手工艺品(硅酸盐既可以是泥土,也可以是高岭土)。陶艺作品的价值不在于其造价,而在于其制作的技巧,技巧是陶艺创作的生命,陶艺作品的技巧是其被载入史册的根源。作为一门历史悠久、内涵丰富的艺术创作,陶艺创作具备一套完整的工艺流程,如图 6-2 所示。

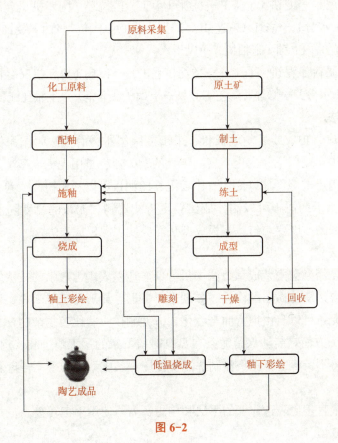

图 6-2

由图 6-2 可以看出,陶艺制作过程可分为原料制作(釉料和泥料的制作)、成型、施釉和烧成四个阶段。以下将对这几个阶段进行详细说明。

一、原料制作

1. 釉料制作

釉料→球磨细碎（球磨机）→除铁（除铁器）→过筛（振动筛）→成品釉。

2. 泥料制作

泥料→球磨细碎（球磨机）→搅拌（搅拌机）→除铁（除铁器）→过筛（振动筛）→抽浆（泥浆泵）→榨泥（压滤机）→真空练泥（练泥机、搅练机）。

二、成型

1. 拉坯成型法

拉坯成型法适用于制作圆形、弧形等浑圆的造型，如盘子、碗、罐子等。其特点是作品挺拔、规整，器物的表面会留下一道道旋转的纹路。

（1）釉下：泥料→泥饼（手工）→搓泥（手工）→拉坯（拉坯机又名陶艺机）→干燥（自然风干留10%水分）→修坯（陶艺工具）→干燥（烘干箱）→釉下装饰（在泥坯上直接进行绘制，如青花）→上釉（施釉机）→风干。

（2）釉上：泥料→泥饼（手工）→搓泥（手工）→拉坯（拉坯机又名陶艺机）→干燥（自然风干留10%水分）→修坯（陶艺工具）→干燥（烘干箱）→上釉（施釉机）→风干。

2. 泥板成型法

利用陶土碾成、拍成或切割成板状，来镶控制作器物的方法叫作泥板成型法。这种方法在陶艺制作中运用广泛、变化丰富。传统的紫砂器就是用泥板成型法来制作的。泥板成型的器物可随陶土的湿度加以变化。比较湿软的泥板可以利用扭曲、卷和等方法自由变化，随意造型；稍干的泥板可以制作成比较挺直的器物。泥板的厚度随器物制作大小而定，但应注意泥板的厚度要均匀。泥板成型法需要使用泥板成型机。

3. 泥条盘制法

泥条盘制法是泥条盘陶艺成型技法中最方便、造型表现力最强的技法之一。可以制作出其他任何成型方法所能做出的作品，如圆形、方形、异形乃至雕塑等。用泥条盘制法制作陶艺，一方面泥条可以自由地弯曲与变化，方便制作一些比较复杂的、不太规整的、较随意的陶塑；另一方面它能够保留泥条在盘筑时留下来的手工痕迹和一道道盘旋的纹理，当然也可以修整得不留痕迹。泥条盘制法需要使用泥条成型机和手工转盘。

4. 捏塑法

捏塑法可以最直接地表达作者的手法和构想，需要使用手工转盘。

5. 手工雕塑成型

雕塑是雕、刻、塑三种制作方法所塑造的艺术形象。其主要为浮雕和圆雕两种。雕塑是三维的实体，为照顾到各个视角之间的关系，要经常转动雕塑台，不断进行观察比较。

泥塑工具可用于刮、削、贴、挑、压、抹、泥塑和造型。

三、施釉

施釉讲究技巧，釉层好坏直接影响到烧制后作品的成功与否，施釉有喷釉、蘸釉、浇釉、刷釉、荡釉等技法，有时需要综合运用。施釉时可以使用专业的施釉工作台，能够有效减少釉料的扩散，并进行釉料回收。

喷釉的釉层一般以 0.8～1.8 mm 为准，也就是俗称的瓜子馅薄度，表面处理有釉中、釉下、釉上之分。釉中介于釉上、釉下之间，经过二次烧成；釉下是在泥坯上直接进行绘制创作；釉上则是在烧制好的白瓷胎上进行绘制创作，颜色在作品上很关键，颜色起到了烘托作品的作用，增加作品内涵，颜色搭配有些讲究，红色代表着热情、生命、战争，白色代表着纯洁、高尚，黄色代表着温馨，蓝色代表着海洋、天空、宽阔。

装饰的方法有彩绘、划花、剔花、堆花、贴花、压印花、喷花，透雕、捏雕、镂空、剪纸、胶泥、镶嵌、印花，泥浆灌注叠压装饰，胶泥拉坯装饰，纤维织物裹包装饰等装饰方法。完成作品的关键还在于进行火的铸就，1 300 ℃的窑火能使泥烧结成结晶体，出窑冷却后作品才真正成功。

四、烧成

（1）釉下：装匣→进窑→设备温度→烧炼（电窑或汽窑）→出窑。

（2）釉上：装匣→进窑→设备温度→烧炼（电窑或汽窑）→烧制好的白瓷坯上绘制创作（如贴花）→烤花（烤花炉）。

五、其他阶段

在实际陶艺创作中，除上述的四个阶段外，还需要注意以下一些辅助和准备阶段。

（1）一般釉料买回来两三天就会沉淀，这时需要利用搅拌机把釉料搅拌均匀。

（2）工作时如果需要临时快速配釉，可以利用快速球磨机解决。

（3）如何提高效率：利用车模机自己制作石膏模时，由于石膏模不能含有气泡，因此需要真空高压注浆系统。其主要工作原理为将已搅拌好的含水率在 40%～60% 的泥浆加注进真空搅拌桶内，当浆料进入搅拌桶时，开动真空泵，进行抽真空，当浆料装至 2/3 桶位时，停掉浆阀和真空泵，开动空压机，将空压机的压力上升到规定值（一般在 2.5～4 kg）时，打开出浆阀门，将无空气的泥浆注进已注浆架内的石膏模中。

（4）为了提高成瓷表面光洁度，需要使用磨光机。

（5）为了回收泥料充分利用，可利用真空练泥机重新练泥。

（6）窑炉的选择：窑的温度达到 1 000 ℃以上；炉的温度在 1 000 ℃以下。窑有不同的分类方式，按构造形式可分为梭式窑、隧道窑、辊道窑、推板窑、转盘窑、钟罩窑；按供热方式可分为煤窑、柴窑、电窑、汽窑；按烧成温度可分为高温窑、中温窑、低温窑。

在选择窑炉时，所需的知识专业性比较强。对烧出的产品釉变和釉色要求高的，应选择汽窑，因为汽窑通过操作可以烧氧化焰和还原焰。氧化焰是烧出成瓷的，还原焰是烧釉色和釉变的。电窑只能烧氧化焰，中温烤花炉只能烤成瓷釉上装饰。所以，选择窑炉应掌握上述基本知识。

（7）泥釉的选择：一般选用瓷泥的温度在 1 230 ℃以下为好，在选釉时注意其釉的温度低于泥的温度 2 ℃～4 ℃为好。

陶艺成型除上述方法外，还有修坯、盘筑（分为螺旋盘筑、卷压盘筑）、团泥成型、泥板卷接、实泥成型、泥印成型、注浆成型、利坯成型等方法，这些方法互为章法、相互掺杂，要想融会贯通，需要在实践过程中逐渐掌握。利用上述各种工具和技巧，加上平时的仔细观察与思考、大胆的创造挖掘，必定能制作出精美的作品。

劳动器材

陶艺常用劳动工具和材料如图 6-3 所示。

图 6-3

劳动准备

陶艺常用塑型方法

捏塑法：用双手直接对泥料进行捏、压、挤等，边捏边塑型。泥板成型法：泥板成型是指将泥块通过人工或压泥机压成泥板，再用来塑造作品。拉坯成型法：利用转盘的旋转，用双手将泥团拉成各种形状的作品。

劳动步骤

1. 制订方案

作品名称	家用茶杯
工具和材料	小刀、擀泥棒、电窑、泥料
塑型方法	捏塑法
创作意图	易制作、结构简单、功能实用

2. 勾勒轮廓（图 6-4）

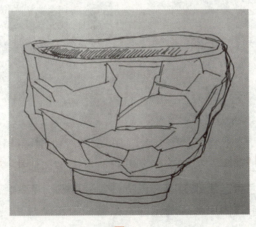

图 6-4

3. 技能示范

（1）揉泥：泥团大小与设想杯子尺寸匹配（图 6-5）。

（2）开孔：大拇指在泥正中间开孔，不要戳破，底部留一定厚度（图 6-6）。

（3）捏型：捏一圈为一层，力度均匀，从下往上直至杯口，厚度均匀（图 6-7）。

（4）晾干：晾至半干不易变形（图 6-8）。

（5）纹饰：用小刀刻画出自己喜欢的肌理效果（图 6-9）。

（6）做足：足底要与杯身大小匹配（图 6-10）。

（7）粘足：杯子倒置，用泥浆将足底粘贴到杯子底部（图 6-11）。

（8）修底：完全晾干，放入电窑烧制（图6-12）。

（9）修正：将杯子修正到方圆有度的效果（图6-13）。

（10）烧制：完全晾干，放入电窑烧制（图6-14）。

图6-5

图6-6

图6-7

图6-8

图6-9

图6-10

图 6-11　　　　　　　　　　　图 6-12

图 6-13　　　　　　　　　　　图 6-14

动手实践

请发挥自己的想象力、创造力，用捏塑法制作一个自己心仪的杯子。

劳动任务单

任务：

（1）初试小手——盘泥条成型。命题：泥条茶壶、花器、动物或人物（底部直径为10 cm、高为20 cm左右，可组合添加小型印模造型）。

作业　使用材料清单：陶泥 1 kg（免烧陶泥较好，陶泥色彩不限）、金属割线、陶艺工具套装、笔刷、垫板、水碗、2～3 cm 小形象印坯模具、毛巾、抹布等。

（2）市场调研——参观学习市场著名陶瓷商铺作品。

（3）建造工匠——泥板造型，主要用泥板发挥创意塑造一座建筑或一条船造型或鱼的造型、一盘饺子或一篮瓜果等，可组合添加小型印模造型。

作业　使用材料清单：陶泥 4 kg（免烧陶泥较好，陶泥色彩不限）、金属割线、陶艺工具套装、笔刷、垫板、水碗、2～3 cm 小形象印坯模具、毛巾、抹布等。

（4）团队合作——协力创作。印坯捏塑，或自由创作门神装饰人物一件，可参照各种的装饰方法。

作业 使用材料清单：陶泥 5 kg（免烧陶泥较好，陶泥色彩不限）、金属割线、陶艺工具套装、刮板、20～30 cm 人物或动物形象印坯模具、水碗、毛巾、抹布等。

（5）技术实操——爱心一家。在拉坯成型基础上捏塑三个青蛙，上课周第一周周日上午、第二周周日下午技师协助拉坯，学生根据自己的时间选择上机三个时间段与拉坯机位。不上机时间在寝室完善作业，排版准备打印。

作业 使用材料清单：3 件作品、陶泥 4 kg（免烧陶泥较好，陶泥色彩不限）、金属割线、陶艺工具套装、毛巾、抹布、拉坯设备（不建议购买设备，建议团购或到陶艺体验工厂、工坊、陶吧实践）等。

知识链接

陶器与瓷器

陶瓷器可分为陶器和瓷器。它们的区别：一是陶器使用陶土作为泥料，瓷器用的是瓷土或高岭土；二是陶胎的含铁量在 3% 以上，瓷胎的含铁量在 3% 以下；三是陶器的烧制温度在 900 ℃ 左右，瓷器的烧制温度为 1 300 ℃；四是陶器多不施釉，或施低温釉，瓷器则多施釉。陶瓷器一般穿着一身光润、平滑的衣裳，陶瓷的这种衣裳叫作"釉"。釉是覆盖在陶瓷制品表面的无色或有色的玻璃质薄层，是用矿物原料（长石、石英、滑石、高岭土等）和化工原料按一定比例配合（部分原料可先制成熔块），经过研磨制成釉浆，施于坯体表面，经一定温度煅烧而成。

学习记录单

同学们都有了自己的作品，请分成小组先夸奖自己的作品再选出小组代表作，然后小组之间交流心得和感悟。大家可以在下面的学习记录单中留下自己的劳动成长历程。

项目	内容	学生自评 等级：A 优秀　B 良好　C 一般　D 再习	小组互评
成型效果	作品造型规整、方圆有度		
装饰效果	装饰与造型浑然一体		
整体美感	自然流畅、内外统一		
整体创意	新颖、独特		
劳动感言	你可采用图画或文字的方式记录陶艺劳作的收获、感悟		

> 模块六　生产创造劳动

知识链接

修坯

修坯是陶艺制作的一个重要环节，修坯的步骤如下。一是先削去底部多余的泥，用修坯刀顺着重心将底部修出底足。在这个过程中掌握坯体的重心非常关键，也可以借助套筒辅助。二是内部的修理，此时要用的刀头必须是弯曲的，刀口锋利，顺着底下修至器型口部，左手按住或扶住坯体。三是口部的修理，顺着口部，用平快的刀修平整，修坯的好坏决定坯体的命运。景德镇设有旋坯作，修坯在旋车上操作，车中心立有木桩，桩顶端呈圆形，修坯时将坯放于桩上，旋转后用车刀旋之，使坯体里光外平，旋转后将底部多余的部分修掉并挖足，完成修坯各道工序（图6-15）。

图 6-15

陶艺的装饰

如何给自己的陶艺作品锦上添花，使它更具美感和实用性呢？下面，我们一起来学习利用不同的人工技法，对作品进行再创造。这些技法主要包括压印法、粘贴法和雕刻法等（图6-16）。

（1）压印法：是陶瓷最古老的一种装饰方法，与拓印、版画比较相似。压印时需要通过借助外物，在坯体上留下各种痕迹，以制造坯体表面的肌理效果，体现创作者的创作理念，使作品更加美观、实用。压印的工具可以是随处可得的生活物品，也可以是自然界的树木花草，还可以是人们的身体，如扣子、杯子、手指印、石头、树干、绳子等。人们可以发挥想象力，寻找各种能达到创作效果的物品。

（2）粘贴法：是指陶艺作品成型之后，通过在坯体表面粘贴泥球、泥条、泥花等物品，达到装饰坯体或弥补坯体缺憾的作用，使陶艺作品更加立体、美观，富有趣味性，突出作品的表现力。粘贴物可以是用陶土自制的，也可以是用模具压出来的，我们可以根据需要去选择，以便达到理想的作品效果。

（3）雕刻法：是指在坯体上使用小刀、铁片等工具，通过雕刻创造出满意的陶艺作品。可以根据作品的需要，刻绘出不同的花纹、图案，也可以刻画出凹凸立体的浮雕作品，还可以对坯体进行镂刻，以达到更佳的视觉效果，使作品更加符合它要表现的艺术效果或实用效果。

压印法作品

粘贴法作品

雕刻法作品

图 6-16

拓展延伸

劳动是幸福的源泉，劳动实践可以检验所学知识，请发挥想象力，尝试创造新的作品（图 6-17）。

图 6-17

模块六 生产创造劳动

榜样激励

陶瓷被称为"泥与火的艺术",因此,泥料的选择和火候的掌握尤为重要。因地域性所带来的水土不同、民俗有异,各地一般均选择本地原材料。所选泥土有的在地面表层,有的可深达百米,选择时多靠匠人们的眼看、手摸甚至嘴尝等经验,以此来判断是否是制瓷所需要的好材料。烧制的过程更是十分艰难,在没有更多高端、便捷仪器辅助的年代,制作瓷器的匠人们往往只能按时辰素烧,天黑前码坯入窑,准备好柴火,待夜深人静后,子辰点火,寅辰止火,烧满三个时辰,烧制时还要不断地用接力风箱来助火,不容有丝毫差错。无论严寒酷暑、黑夜白天,匠人们都寸步不离窑炉,时刻调整温度、湿度,实属不易。

陶瓷工匠们秉承严谨创作的原则,几千年来脚踏实地、精益求精,在推陈出新的同时传承着高超的技艺。在新时代的今天,他们依然怀着初心历经长期摸索、研究,终使陶瓷艺术得以不断发展与壮大,创作出大量具有时代特征的陶瓷作品,深受人们的喜爱。这些陶瓷制品远销国内外,实现了对陶瓷业的传承与创新,带动了陶瓷文化的蓬勃发展。

交流评价

通过陶艺制作,大家动手实践学习了捏塑法、泥板成型法、拉坯成型法,用自己劳动的双手制作出了具有创意的作品,体会了劳动的辛苦与快乐,让我们对前面的劳动实践总结评价。

项目	评价内容	自评	互评	师评
劳动观念	理解劳动创造价值和美好生活,认可劳动最美丽			
劳动能力	掌握捏塑法、泥板成型法、拉坯成型法等塑型方法;安全熟练地使用陶艺工具			
劳动习惯和品质	安全规范,坚持不懈地完成陶艺劳动任务			
劳动精神	能够领会陶艺传统文化价值,践行精益求精、锲而不舍的工匠精神			
心得体会				

(等级:A优秀 B良好 C一般 D再习)

美育生活 劳动创造——劳动实践教育手册

单元二　大漆之美

教学目标

知识与技能：树立协作劳动的意识，欣赏与尊重传统非遗文化，使学生理解设计源于生活，也将回归生活的理念。通过本阶段的学习激发学生学习大漆工艺的兴趣，了解大漆工艺品的基本制作流程。

过程与方法：通过了解大漆工艺的发展历史以及其基本的制作流程，认识到大漆工艺的历史地位和艺术价值。

情感态度与价值观：通过学习，感受传统大漆工艺之美，培养学生钻研进取的工匠精神，增强民族自豪感。

情境导入

《庄子·人间世》有"桂可食，故伐之；漆可用，故割之"，这是中国最早关于天然漆采集技法的记载。中国的大漆工艺距今已有7 000多年的历史。不同于添加了化学成分的合成漆，大漆取自自然森林中的漆树，是纯天然产品，有耐潮、耐腐蚀的特点，因此可以代代传承，千年不朽，而大漆固有的神秘、深厚、含蓄、温润和兼容并蓄的品格也正体现了中华民族的文化性格。传统漆器的制作是一项十分复杂的技艺，需要用到很多原料和工具。原料主要有木材、漆、夏布、砖灰、各种天然矿物质颜料等。工具有各种专业漆刷、刮板、镊子，各种形式的打磨工具、木工工具、电动工具、刻刀、砂纸、炭条、头发，以及用于漆画的各种粗细专业用笔等。

知识储备

一、中国漆艺的发展过程与继承

中国漆艺经过7 000多年的演进、积淀，散发出举世瞩目的艺术光辉和独特的魅力，为人类文化艺术的发展做出了难以磨灭的贡献。中国物质文化的重要组成部分——漆器，在异彩纷呈、博大精深的艺术库中，熠熠生辉、不可取代。作为世界文化艺术宝库中的珍贵遗产，漆器从单一的颜色涂饰发展到种类繁多的工艺品种，是中华民族漆艺制作者用心血换来的艺术结晶，凝结了历代髹漆艺人的汗水与奉献，异彩纷呈的漆器作为有价值的文化遗产，在绘画史上具有独特的历史地位（图6-18）。

人们对中国漆艺的学习研究，不应只局限于对几种技艺的掌握，而是应作为一种文化形态，整体了解中国漆艺史的形成发展脉络，这对于理解和把握漆艺具有极其重要的价值。

漆艺学专家王世襄先生将漆艺史大致划分为：新石器时代，上溯7 000多年，尚未找到用漆的起源；商、西周、春秋时期，镶嵌、螺钿、彩绘漆器已达到较高水平；战国、秦、西汉时期，形成500年的髹漆繁盛时期；东汉、魏晋、南北朝时期，漆工业的衰微并未影响漆工艺的发展；唐、宋、元时期，主要髹漆品种已基本齐备，雕漆登上历史的顶峰；明、清时期，不同髹饰的变化结合，迎来漆器的千文万华。在学习漆艺历史时，掌握学习一些有代表性的古代漆器作品，可以更好地深入了解我国古代漆艺的发展史。

图 6-18

在距今已有六七千年的浙江省余姚河姆渡遗址第三文化层中发现的朱漆木碗是中国现知最早的漆器（口径 10.6 cm×9.2 cm，高 5.7 cm，底径 7.6 cm×7.2 cm）。此碗为木胎，具有较为规整的形态，造型大方朴素。

朱漆木碗的发现，说明早在新石器时代，我国的先民就已认识了漆的性能，并调配颜色，用以制器。在器物上所施的朱漆，虽经过时间的洗涤，但仍然展现出持久的色彩魅力，透露出质朴、简括、粗犷的审美特征。虽然表现手法原始，但已经是一项非常了不起的成就。利用化学方法和光谱分析发现，木碗上的涂料为天然生漆。这件远古漆器历经数千年，早已残损不堪，但从它的木胎器形上看，可以断定它类似我们今日使用的碗一类的容器。

天然漆最早在何时使用，漆器等实用漆器具体何时出现，我们不得而知。目前，所见对漆器的最早记载为"尧禅天下，虞舜受之，作为食器，斩山木而财（裁）之，削锯修其迹，流漆墨其上，输之于宫以为食器"，是《韩非子·十过》中秦穆公与由余的一段对话。漆的使用是在偶然的发现中、必然的实践下产生的。

由此可见，我国漆的起源应该更早，按照一般规律，大漆调配成朱漆的使用，应该在本色天然漆使用之后，而在这之前必然有一个漫长的认识漆、使用漆的历程。朱漆木碗用特殊的语言方式，在世界文明史、科技发明史和人类文化史上，谱写出光辉灿烂的一页，在中国漆器发展史上的地位无可取代，市场价值无法用金钱估量。

新石器时代的漆器制造处于探索阶段，主要制作生活用品，漆色以红、黑两种单色为主，髹漆工艺仅有彩绘和镶嵌两种。浙江省文物考古研究所收藏的1987年出土的嵌玉高柄朱漆杯，红漆与白玉交相辉映，显露了漆器镶嵌工艺的雏形，这是漆艺史上的一次重大技术进步，充分显示髹漆工艺与其他材料的结合和高度艺术审美价值。

新石器时代虽然被人们称为彩陶时代，但是漆器的出土，说明器皿的使用除陶器之外，还包括漆器。这个时期的漆器制作工艺简单、胎骨厚重，大多以石器做工具，把木料砍或挖制成木胎，再髹涂以漆，前期只有木胎一种，后期出现了陶胎漆器。这个时期的漆器艺术表现手法古朴、单纯。中国漆艺的历史可以追溯到 7 000 多年前的河姆渡文化时期，在河姆渡遗址出土了世界上至今出土最早的漆器——木胎漆碗。商朝是漆器镶嵌绿松石的开端，其后的西周开创了漆器螺钿、镶嵌的先河。春秋战国时期，漆器走向空前的繁荣。秦汉时期，漆艺被应用于建筑和室内屏风。尽管三国时期政治动乱，漆器在人们生活中的特殊地位大大下降，但漆艺的品种和技法仍在不断发展。发展至宋元时期又逐渐兴起，漆艺在雕漆和螺钿漆器方面取得了辉煌成果（图6-19）。

图 6-19

明代是我国漆艺史上又一次高峰，除雕漆外，在成金、雕填、描金、堆漆等方面也得到了极大的发展。明代郑和下西洋之后，随着海外贸易的发展，紫檀等硬木从东南亚、南洋群岛等地区被大量引进中国，硬木家具便逐渐取代漆艺家具而占据统治地位。漆艺家具虽然在数量上相对减少，但在花色品种和艺术风格上却更加丰富多彩。漆艺家具真正达到了"千文万华，纷然不可胜识"的繁荣境地（图6-20）。

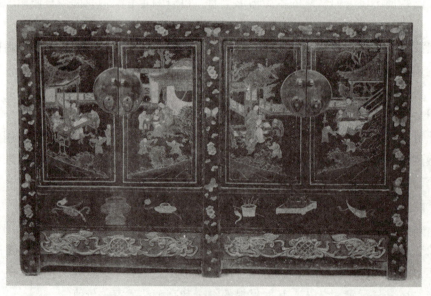

图 6-20

清代漆艺以宫廷造办处为中心，汇集全国各地的名工巧匠，创造了体现皇家审美情趣的作品。烦琐的技术和奢靡的艺术逐渐影响了民间的漆艺家具，在各地都出现了有创造性的漆艺家。明清时期是中国古典家具的代表及巅峰时期，这个时期的漆艺类家具在造型上更注重功能性和形式感，多采用圆线、弧线、曲线相结合的方式。在形式上也摒弃烦琐华丽之路，多辅以漆艺的髹饰、雕刻、绘画和镶嵌等工艺，形成了明清漆艺家具独具的特色。

二、中国的漆器对国外的影响

早在宋朝时期，中国漆器就已通过波斯和阿拉伯国家传入欧洲。中国大漆髹饰技艺在西方的传播和欧洲漆艺的兴起，鲜明地体现了中国古代文明对世界文明发展所产生的影响。

欧洲人对实用、美观的中国漆器赞叹不已，因此，中国漆器在欧洲供不应求。17世纪中叶，为满足市场需求，欧洲人开始注重对中国漆器的仿制和研究，一些欧洲科学家开始用试验分析方法研究中国生漆的成分。但令人沮丧的是，研究表明中国的漆树不适合在欧洲的土地上种植，漆液也不方便输往欧洲。欧洲人在移植中国漆树和运输中国大漆失败后便专心在本土涂料的发展方面做文章，最终建立了一套应用广泛的化学漆体系，这为近现代欧洲化学涂料技术的发展奠定了基础，也使欧洲17—19世纪的家具、绘画和建筑装饰等在材料和工艺上发生了巨大的变化（图6-21）。

图6-21

如今，留存于英、法等国家的漆器家具很多，这与销往欧洲的中国漆器多为家具有关。同时，中国漆器家具的仿造品也流传于这些国家。具有中国文化特色的图案在欧洲迅速流行，人们采用各种方式临摹、印制中国纹样并复制到不同的家具和器皿中。荷兰人就曾对中国的髹饰技艺进行革新，将印刷好的纹样图案纸张直接裱糊在器具表面，再髹涂几道类似生漆的化学涂料。这种工艺在18世纪的欧洲家具制造业中颇为流行。

中国的髹饰技艺对法国艺术尤其是宫廷绘画设计等方面产生了深远的影响，这体现在法国一些著名的宫廷设计师和画家的作品风格，宫廷贵族、画家等人的收藏以及仿中国风格的漆器制作的涌现等方面。法国漆工以仿制中国漆器为主，仿制中国漆器最有价值的成果在17世纪末。

18世纪初，油漆术已成为英国上流社会女性掌握的技能之一。17世纪末至18世纪初，女校开设油漆课，教授涂漆技术。

比利时拥有欧洲最古老的漆器制作中心，位于列日（Liege）区的司帕（Spa）。司帕的髹饰技艺制作始于髹漆手杖和风笛,是赠送给来访重要人物的传统礼物。之后,其他的小件饰物,如碗盏、化妆盒等也相继问世。司帕漆器制作人善用不同质感材料,如螺钿、黄铜屑等进行镶嵌,使漆艺制品具有丰富的色彩对比。司帕漆器制作人通常采用梧桐木、桤木、椴木制作木制构件。首先,在温泉中进行浸泡,以增加其鞣酸成分,把木料染色并防止出蛀;其次,刷一层胶水作为底色,再用塑胶水彩绘出纹样;最后,将器物遍涂香松树胶,待干结后擦拭光亮,并进行抛光。18世纪末开始,受法国大革命等历史变革和时代审美兴趣变化影响,司帕漆器曾一度衰落,近年来又再度兴盛(图6-22)。

图6-22

俄罗斯的漆器制作兴起于18—19世纪。俄国宫廷和贵族热衷于效仿西欧的审美取向,将荷兰和英国漆器引入俄国。当时,沙皇宫廷和贵族阶层竞相采用漆器来装饰家居与房间。1715—1725年彼得霍夫的沙皇夏季宫殿中就建有一个用髹饰技艺装饰的中国式大厅,其中90余件镶板采用中国式黑底金纹红边制法,壁柱和瓷器陈设托架采用具有斑驳效果的"沙金式"制法。宫殿在第二次世界大战中被毁,现仅存4块镶板。由于漆器大受欢迎,18世纪俄国各地开始出现大批漆艺制作中心,漆器产量很高,流传广泛。

中国的漆器技术对北欧各国也有影响,北欧各国的一个共同爱好是用漆器作为壁饰。这最初源于荷兰,流传到德国时已变为用大片的漆板作为屏风(图6-23)。

漆艺工艺是中国工艺美术优秀艺术品之一,对欧美、亚洲影响也很大,需要今人继承发展。

图6-23

体验探究

漆工艺的制作办法

【纯大漆工艺】纯大漆工艺包括漆器、漆画和漆塑,是自然美、工艺美、艺术美的体现。在现代社会,纯大漆艺术的应用面很广,特别在家具、陶瓷、皮革、金属、纸、琉璃和乐器等上有着无限开拓的空间。其艺术手法主要体现在包括莳绘(平莳绘、磨莳绘、高莳绘)、箔绘、漆绘、戗金、雕漆、镶嵌、描金、螺钿镶嵌、蛋壳镶嵌和贴金银箔等方面。

用漆涂在各种器物的表面上所制成的日常器具及工艺品、美术品等，一般称为"漆器"。作为最高级的传统纯大漆工艺的漆器，一件大漆工艺品的完成，通常需要经过124道全手工工序制作而成，主要涉及以下两个方面。

1. 制造工具与材料

漆（生漆、透明漆、色漆）、漆刮刀、漆刻刀、荫室、漆发刷（用女人的头发制成）、调漆板、过滤纸、彩漆颜料、滤器架、稀释剂（樟脑油、松节油、煤油等）、推光（钛白粉、鹿角粉）、研炭（松、梧桐、山毛榉、椿等的木炭）、人造磨石（220#至4 000#）、水砂纸（320#至2 000#）、莳绘（金、银粉螺钿等）。

荫室是为了保持温度和湿度，防止灰尘侵入，有利于漆液的干燥（温度为25 ℃～30 ℃，湿度为75%～85%）（图6-24）。

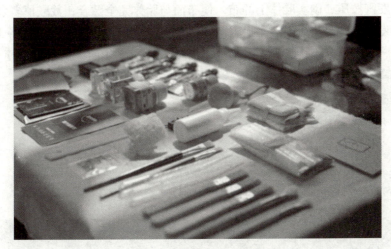

图6-24

2. 制作工序

（1）制胎。漆器工艺的胎身常用木胎和脱胎两种形式（图6-25）。

1）制作木胎漆器要精选纹理细而不变形的优质木材制作榫卯无缝式木胎。

图6-25

2）脱胎则是以泥土、石膏等塑成胎坯，以大漆为胶黏剂，用苎麻布或丝绸布在胎坯上逐层裱，待阴干后脱去原胎留下漆布雏形，再经过上灰底、打磨等多道工序制成坚实轻盈的胎体。

（2）裱布：为了让器皿（作品）更加坚实牢固而为之。

裱布的基本步骤如下：

1）根据木板的大小裁割出比木板略大的纱布（根据器物的大小选择纱布的粗细，也可用麻布、绢绸、棉纸代替）并清洗干净（洗去浆质），晾干。

2）用漆发刷将生面漆均匀地涂在胎体表面（生面漆是60%的生漆与40%的低筋面粉团调和而成）。

3）将清洗、晾晒过的纱布平铺在胎体表面，注意调整纱布的经纬线，保持交互垂直。

4）用漆发刷按压、刷实胎体上的布，使布面与胎体完全贴合，裁减掉多余部分。

5）用漆发刷再刷一层生面漆，送入荫房（温度、湿度适宜的空间），等待干燥即可。

（3）披灰。披灰是为了填补布或网之中的空隙，让施作面更加平整，便于髹漆的进程。披灰时可选用适度的宽面铁刮刀或软性刮刀来施作（图6-26）。

披灰泥按以下方式调配：

1）漆1∶瓦灰2∶糯糊1∶水0、3。

2）(漆1∶松节油0、2)1∶瓦灰2∶糯糊1、5∶水0、2。

3）漆0、2∶复粉1∶糯糊1。

4）漆0、5∶松节油0、5∶粗色粉（800目）1。

图6-26

（4）粗坯打磨。建议选用120#、240#、320#三种规格的木工专用砂纸（图6-27）。

1）以干式的方式来做粗坯的打磨，先以120#砂纸把最突出的部分磨去。

2）使用240#木工专用砂纸整平。

3）使用320#木工专用砂纸细磨整个物件平面，使后续髹漆的工序更加顺畅。

图 6-27

（5）第二道底剂。底剂的调配与第一次有所差异，就是漆要略为浓些（漆1：稀释剂 0.2），调制搅拌均匀即可髹上。

（6）连续三道中涂漆。为使披灰后的平面更结实、坚固，使整个物件更平整、平顺，漆面更有厚重感，所以，连续髹上三层中涂漆（调配比例：漆1：0.02稀释剂）。也可以用面漆直接当作中涂漆使用，只是太浪费成本，而且也不一定能增加很高的成效（所谓的连续三道漆，不是一次连续上三次，而是一次干燥后继续下一次）。

（7）水磨。上个工序完成干燥后即可施作水磨的步骤。采用400#或800#的水砂纸蘸水打磨。

（8）连续三道面漆。这道工序是使物件开始成为作品的前奏曲，因为上述步骤有未能满足漆面平整、滑顺的缺点等问题，皆是依靠这道工序来弥补（面漆配比为漆1：稀释剂 = 0：0.3）（图6-28）。

图 6-28

（9）水磨。采用800#或1 200#水砂纸打磨漆面，打磨中严格地检查漆面是否有瑕疵，如是否存在小孔洞或漆面异物，若有发现，必须去除。

（10）若面漆无法达到平整、滑顺，有瑕疵，那就必须不断地重复第（8）、（9）两个步骤，直到完美为止。

（11）上彩。上彩是创作者根据设计需求，结合大漆工艺中的各种髹饰技法对作品进行装饰，其中包括彩绘、贴蛋壳、贴箔、镶嵌、变涂、犀皮等多种髹饰技法。

（12）视情况需求操作接下来的工序，有偕青、罩光、透明漆保护等，施作完成作品后选择是否推光。

这12道工序是大漆最基础的步骤。更精细、华丽的作品，仍然是以此基础来延伸出更繁复的工艺技术。

社会实践

具有上千年历史的传统纯大漆艺术，目前依然具有旺盛的生命力。我们在传统的基础上，对这一古老艺术又添加了新的生命元素。经过一代代继承人的传承和发扬，优秀的漆艺技能正得到进一步的完善。

请学生通过网上查阅资料或实地调研，了解大漆之美与工艺技术，有条件时可以尝试创作一件漆器。

单元三　砖雕装饰

教学目标

知识与技能目标：树立协作劳动的意识，欣赏与尊重传统非遗文化；理解设计源于生活，也将回归生活的理念。

通过本阶段的学习激发学生学习砖雕的兴趣，了解砖雕制作的一般过程。

过程与方法：通过欣赏分析作品，学会提炼传统纹样中的典型范式，初步懂得砖雕的基本技法与步骤，完成作品设计。

情感态度与价值观：通过学习，接受传统砖雕美的陶冶，培养钻研进取的工匠精神，增强民族自豪感。

情境导入

红砖雕刻是我国特有的一种传统造型艺术，在日常生活中经常见到，同学们在哪些地方见到过呢？

📖 **知识储备**

砖雕是以砖作为雕刻对象的一种雕饰，它是模仿石雕而来，但比石雕更经济、省工，因而也较多被采用，特别是在民间建筑中。在民居建筑中，砖雕多用于大门门楼、山墙墀头、照壁等处，表现风格力求生动、活泼。在雕刻手法上，也与木、石雕饰相似，有剔地雕、隐雕、浮雕、透雕、圆雕、多层雕等。砖雕既有石雕的刚毅质感，又有木雕的精致柔润与平滑，呈现出刚柔并济而又质朴、清秀的风格（图6-29）。

图 6-29

一、砖雕起源

砖雕是中国传统建筑装饰形式，是在特制的、质地坚实细密的砖上雕刻出花纹或图案的雕刻工艺。砖雕是随着砖构建筑的发展而逐渐成熟起来的，主要用于砖塔、墓室、砖房等建筑物的壁面装饰。

中国砖雕的起源可以追溯到战国时期的花砖。汉代画像砖墓的大量使用推动了砖雕的发展，这一时期的砖雕表现形式为减地平钑、浅浮雕等，一般用木模压制，也有直接刻在砖上的。唐代大力兴建佛寺、塔幢等砖石建筑，使砖雕工艺走向完善。宋金墓室砖雕盛行，雕法从减地平钑法逐渐转为多层浮雕法。明清砖雕表现内容更丰富、技法更精湛，应用范围也从墓室逐渐发展到居住建筑。

广义的砖雕有"捏活""刻活"之分。"捏活"是先制作造型，后入窑烧成砖；"刻活"是在烧好的青砖上用刻刀雕成各种浮雕图案。狭义的砖雕仅指"刻活"，一般制作程序包括修砖、上样、刻样、打坯、出细和磨光等。

砖雕吸收了石雕、木雕、绘画等艺术的特长，表现内容有各种故事、神话、人物、花卉、风景、动物、书法等。由于其不受法式约束，在民间建筑中使用较多，反映了普通人的生活、文化和民俗状况。从北京四合院、徽派民居到回族民居等都有广泛的应用，一般用在门楼、门罩、花窗、照壁等部位。风格上南方较纤巧秀美，北方较粗朴浑厚（图6-30）。

图 6-30

二、历史沿革

例如，南京明孝陵宫城东、西两侧的砖雕八字墙上雕刻大卷草折枝花等浮雕图案，安徽凤阳明代中都城址内须弥座上的折枝花和梅花鹿、云彩、龙等砖雕图案；同时，安徽、江苏等地区的民间砖雕也有了发展。建于同治年间（1862—1874年）太平天国将领李世贤的浙江金华府第，其前庭照壁的砖上雕刻龙、凤、仙鹤等图案，风格刚劲粗壮。清代民间砖雕除江苏、安徽外，在山西、浙江、福建、广东、北京、河北等地区有了很大的发展，它们大多作为官吏、富豪、地主宅院的厅堂、大门、照壁、祠堂、戏台、山墙等建筑的装饰，雕刻精巧，有的陪衬以灰泥雕塑或镶嵌瓷片，争奇斗胜，富贵华丽。清代后期，砖雕趋向繁缛细巧，具有绘画的艺术趣味，充分表现了古代劳动人民巧夺天工的艺术才能。

1. 初期

砖雕产品是由东周瓦当、秦砖、空心砖和汉代画像砖发展而来的。汉代画像砖是墓室预制构件的大型空心砖，它是在湿的泥坯上采用印模捺印各种图像。北宋时期形成砖雕，成为墓室壁面的装饰品。在河南、山西、甘肃等地区发掘的北宋墓室，三面墙壁均以砖雕贴砌而成。墓室内的砖雕数量、质量及所选用的题材都取决于墓室主人的社会地位。常见的题材有墓室主人夫妇对坐、男仆托盘、侍女执壶等，再现了墓室主人生前的生活情景。至金代，墓室砖雕的内容更加丰富，技艺也有所提高（图6-31）。

2. 中期

建于大安二年（公元1210年）的山西侯马董玘坚墓室，

图 6-31

在不足 4.7 m^2 的面积中，砖雕布满全室，雕刻有模仿木结构的斗拱、拱眼、藻井、大门、隔扇等，以及屏风、几凳、花卉、鸟禽、人物、演戏场面等图案，其中站立在戏台口的生、旦、净、末、丑等演员运用圆雕技法，形象栩栩如生，是金代砖雕的代表作品。元代，墓室砖雕逐渐衰落。至明代，砖雕由墓室砖雕发展为建筑装饰砖雕。

3. 巅峰

清代，北京紫禁城宫廷内墙面夹柱的通气孔也都使用砖雕，镂雕花鸟图案，牢固而美观，且有利于空气流通。慈禧太后陵寝隆恩殿及其东、西配殿的墙面也用砖雕贴砌而成，有的贴金，辉煌耀目（图 6-32）。

图 6-32

4. 现代

砖雕，发展至今，既保留着古朴别致的审美情调，又与时俱进，与现代审美趋势相融合，广泛运用于现代的建筑中，是对传统文化的延续。砖雕不仅蕴涵着生动而璀璨的灵性，也鲜明地折射出中华民族的风俗习尚、价值取向、审美情趣等特质，它正在当代艺术家的手中，传承着历史的记忆，续写着往日的辉煌。六盘魏氏砖雕打破传统家庭手工作坊的传承发展模式，在继承传统工艺的基础上不断创新发展，开发新产品 300 余种，采取软、硬雕结合的雕刻工艺，生产销售出各类手工砖雕、合成砖雕、房屋脊兽、青砖瓦等一系列仿古建筑材料。

🔊 体验探究

1. 砖雕的雕刻技法

砖雕的具体雕刻技法与其他雕刻门类大致相同，可分为以下几种。

（1）平雕：在一个材料的平面上进行图案雕刻，通过各种线条表现题材，通常以花草等纹样为主。

（2）浮雕：在一个平面上雕刻出凹凸不平的线条和条块，按照其凹凸的程度可分为浅浮雕和高浮雕。这种雕刻技法适合表现戏剧情节、传说故事。

（3）透雕：是介于圆雕和浮雕之间的雕刻技法，它可将纹样雕刻得细致、多层次，以增加作品的透视性和立体感。

（4）圆雕：是对材料进行立体的雕刻，雕刻的结果可以从各个方位观赏（图6-33）。

图 6-33

2. 砖雕工具

砖雕使用的工具与其他雕刻所使用的工具大致相同，其中有：各种规格的錾子；木敲头，通常用枣木做成，作用如锤子；磨头，即砂轮、粗砖等，用于打磨砖面；刨子，形状、作用与木匠的刨子相似。另外，还有三角钻、圆规和拐尺等用于打稿、画各种线条。

砖雕工具如图6-34所示。

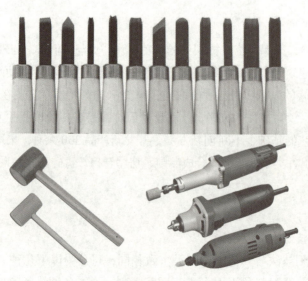

图 6-34

3. 砖雕工艺工序

砖雕的工艺工序：制砖→打样→打坯→出细。

（1）制砖：中国砖雕最常使用专门烧制的青砖，均采用颗粒极为细腻的黏土或河底沉淀的污泥为原料，有时还应用特殊的烧制工艺，务求成品质地匀净、软硬适中、不含气孔。例如，徽州砖雕用砖只采取新安江北岸最优质的黏土。制成砖块后还必须经过打磨才可以使用。

（2）打样：用笔在砖坯上画出想要雕刻的纹样。一些简单的纹样或技艺高超的艺人，可以不用画稿即可凭经验边雕刻边打稿。

（3）打坯：用凿子或刻刀粗略勾勒画面的轮廓，分出基本层次。

（4）出细：运用多种工具，耕、凿、齐口、桶道、开相、磨、上药、打点等技法相结合，刻画细节。

1）耕：是用最小的錾子将画好的纹样浅浅地描一遍。此做法是为了防止砖坯上的画稿在雕刻时被抹掉。

2）凿：是用小錾子将主体形象以外多余的部分除去，以突出主体形象，增加立体感，为下一步工序打基础。

3）齐口：是用錾子沿主体纹样的侧面做进一步细致的剔地雕。

4）桶道：是用錾子将纹饰中细微处雕刻清晰，包括人物须发、花草叶子的筋脉、飞禽走兽的羽毛等。

5）开相：是指对砖雕作品中的人物面部进行修饰。

6）磨：是用磨头将纹饰内外的粗糙之处打磨平整、精细。

7）上药：是一种修补方法。一件作品在雕刻过程中难免有不慎损坏的地方，此法可以将这些损坏之处修补好。常用的材料是松香、黄蜡和专门配制的药。

8）打点：是用砖面儿加水相调和成浆，将雕刻好的作品擦干净，是一道清洗工序。

4. 砖雕作品的步骤

（1）设计稿：根据自己的喜好进行设计。

（2）备砖：磨平表面，便于进行雕刻。

（3）印稿：印稿上砖。

（4）雕刻：使用不同的刀法进行雕刻。

（5）修改：根据设计稿，进行简单的修改。

5. 雕刻"福"字（图6-35）

（1）操作步骤：磨平砖表面—打样—打坯—出细。

（2）提出注意要点：

1）打样要细致。

2）雕刻时候注意走刀不宜过快，防止划伤手指。

（3）学生分小组操作。

（4）教师在学生操作过程中巡视、指导、总结问题、质疑。

图6-35

展示交流

（1）学生通过动手实践，呈现结果，实事求是地记录汇报。

（2）教师以集体问答等方式，带领学生回顾所学知识或技能。

（3）在教师的指导下，以小组为单位完成这项任务，小组派代表向大家展示各项步骤与观察过程；小组在这个过程中遇到的问题，又是如何解决的；对运作原理进行简要阐述，重点说明自己实施方案的优势，以及为什么要这样设计。

（4）教师带领学生回顾课堂中发生的有趣互动，引导学生分享课程感受，总结经验教训。

（5）教师引导学生体验并崇尚爱国精神，为实现中华民族伟大复兴的中国梦而努力奋斗。

劳动拓展篇　第三篇

模块七　职业礼仪

模块八　拓展实操

模块七
职业礼仪

一、职业礼仪的含义

职业礼仪是指人们在职业活动中为尊敬对方所遵循的行为方式、道德观念及与之相应的典章制度。

我们学习职业礼仪在于懂得职业礼仪规范，并用职业礼仪规范来塑造自己的美好形象，让个人成绩卓越，公司兴旺发达。

职业形象的构成（图7-1）如下：

（1）简单的修饰：简洁大方，庄重淡雅，适度而不过分，符合自己的职业身份和职业环境。

（2）得体的着装：要规范、得体、整洁，显得精神焕发；要体现出职业性与专业性，清晰地传递具有敬业精神、工作能力、可以信赖的专业人士的信息。

（3）优雅的仪态：注意干净、美观、协调、雅致，透露出自信与稳重；要坐有姿、站有相、走有神，眼含真情，脸带笑容，展示出饱满的精神状态。说话要言语规范、清晰流畅、简洁明了、有礼有力、可亲可敬。

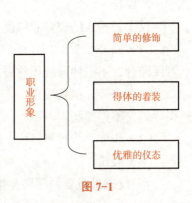

图 7-1

二、职业礼仪的作用

1. 引人注意

整齐统一的着装，挺拔饱满的精神形象在职业往来中，可以引起他人注意，为职业交往打下基础。

2. 让人喜悦

美好的仪态、真诚的微笑在职业往来中，可以让他人产生好感、喜悦，使其产生进一步与我们交往合作的愿望。

3. 使人接受

周到的礼节、得体的语言在职业往来中，可以使他人更乐意接受人们的想法和请求，从而促使职业活动顺利成功。

简而言之，讲求职业礼仪的根本目的是通过每个员工个体职业素养的提高，来塑造企业整体形象，提高企业竞争力。

三、职业礼仪的内容及要求

1. 仪容仪表

仪容仪表是指人的外表容貌（即外貌），包括发型、着装、饰物等方面。

（1）发型（包含发色）。上岗前，头发要梳理整齐，发型大方，不可怪异和过于新潮；不留披肩发，头发要经常洗，不得有头屑，男士不得留胡须，留大鬓，提倡平头。

（2）着装。上岗及参加会议，均按规定着装，整齐统一，衣物干净、笔挺，衣袋里不要装过多的东西，将工牌佩戴在左上胸处。另外，保安员着装有时间上的规定；工作时间着装，非工作时间脱装。

（3）饰物。佩戴饰物不要过多、过繁，具有明显宗教或政治倾向的饰物不要佩戴；不得浓妆艳抹，不要涂指甲油。

2. 仪态

仪态是指人的姿势和风度，包括站姿、坐姿、步姿、表情等方面。

（1）站姿。头正、身直，双手下垂，双腿自然伸直，挺胸收腹，两眼平视前方，不得弯腰驼背，不得伸懒腰或耸肩。

（2）坐姿。挺拔端正，不东倒西歪，不前倾后靠，不跷二郎腿或盘腿，不得趿鞋，不得跺脚，不得颤腿。

（3）步姿。步伐要轻快，走一条线，步幅要控制，身体不得摇晃，不得袖手或插兜。

（4）表情。

1）仪态最重要的问题是微笑，对于他人的尊重，首先体现在微笑方面；微笑是最重要的表情，一定要显得真诚自然，要体现在眼神上，发自内心，千万不可大笑（大笑是嘲笑），微笑会带给人如沐春风的感觉。

2）在客人面前，不要抓痒、挖耳、抠鼻孔，不得随意咳嗽、打喷嚏，如果忍耐不住，务必转身向后。

3）在电梯、走廊等公共场合，要主动给客人、上级、女士、长者等让路。

4）交换名片要双手敬送，字面的正位要对着对方，接受名片要用双手。

3. 礼节

礼节是礼貌的具体表现，在职业活动中，有许多礼节。

（1）言谈礼节。言谈时，声调要自然、亲切、柔和，吐字清晰，用语文明，不得使用讽刺、挖苦、蔑视、侮辱性的语言。

（2）称呼礼节。

1）当未知对方姓氏时，可称谓贵先生、贵小姐 / 贵女士。

2）当已知对方姓氏时，可将姓氏加上去。

3）当已知职位时，可将职位再加上去。

（3）问候礼节。多用敬语，如"您好""您需要什么帮忙""我可以帮助您吗"……

（4）迎送礼节。

1）迎时，"欢迎您来指导工作""欢迎光临"……

2）送时，"祝您一路顺风""慢走"……

（5）介绍礼节。注意介绍顺序，以尊者（上级、名人、长者、女士等为尊）为先。

（6）应答礼节。首先要专注耐心倾听，准确理解，要使人把话讲完，眼光不得闪烁不定，应答时要心态平和，正视分歧，拉近心理距离，讲正面语言，如"请您理解""这件事情这样处理您看是否好一些"……不讲负面语言，如"我不知道""不归我管""不能办""不可以"等。

（7）电话礼节。所有来电，必须在三声之内接答，超过三声，要表示歉意，注意第一句话不要说"喂，找谁"，要说"您好"，要主动自报家门，当确定对方身份后，要准确称呼；对于对方的讲话要及时呼应，要听清楚对方通话的要点，必要时，请求对方复述一遍，并做好记录；通话结束时，对方先挂断电话后，自己再轻放听筒。

（8）握手礼节。

1）一般用右手相握，特殊场合可用双手，以示特殊的心情。

2）握手时，手势要平和，力度要适当，触及虎口为宜，持续 1～3 s。

3）注意伸手秩序，一般情况主人先伸手，但对于高贵尊者或女士，应让对方先伸手为宜。

（9）拜访礼节。登门拜访要尽量事先约定，准时赴约；叩门要稳健、平和，听到"请进"后，正身进入，登门拜访的第一句话是"对不起""打扰了"等话语，离开时，要用眼光照顾到在房间里的每个人，告别一声"再见"，先退一步，再转身而去。

（10）敬礼礼节。

1）敬礼分注目礼、拱手礼、鞠躬礼、举手礼等；在远距离和人数众多的环境下，可以用注目礼，特别用于为多人服务时。

2）对社会地位较高者和年长者，可用拱手礼。

3）鞠躬分致意、致谢、致谦等情况，鞠躬的度数依次增加 15°、30°、45° 至 90°。

4）在庄重严肃的场合，常用举手礼，特别是军人用得最多。

5）挥手礼、点头礼等，主要用于上级对下级的致意和应允。

四、劳动实习

劳动实习是指学生在校期间通过参加实践性的工作、生产或服务活动，提高自身实践能力和技能水平，增加社会经验，促进学生全面发展的一种教育方式。

劳动实习的形式多样，可以是学生在企业或社会组织中担任实习生，进行工作或服

务,也可以是学生参与学校内的实践性课程、试验、实训等活动。在实习过程中,学生需要遵守相关的规章制度,认真学习和执行实习任务,积极与同事合作,努力完成实习目标。

劳动实习的意义在于,通过实践锻炼学生的实际能力,让其在实践中获得知识、技能和经验,提高自身的综合素质和职业素养。另外,劳动实习也有助于学生更好地融入社会、认识社会、了解社会,从而更好地适应未来的职业发展。

劳动实习在学生的成长中扮演着重要的角色,能够使学生更好地了解自己的职业兴趣和方向,同时,也能够为学生未来就业提供有力的支持和帮助。

劳动实习的内容可以根据不同的实习目的和实习场所而有所不同。下面列举一些常见的劳动实习内容。

(1)企业实习:学生在企业中实习,可以参与企业的日常经营活动,如生产、营销、人力资源管理、财务等,以及各种专业性的技术工作。在实习中,学生可以学习到实际工作中的专业技能和知识,了解企业的运营方式和管理模式。

(2)社会组织实习:学生在社会组织中实习,可以参与社会公益活动、志愿服务等。例如,参与环保、扶贫、教育等社会服务项目,以及社会调查、媒体宣传等。在实习中,学生可以学习到社会服务的意义和方法,增强社会责任感和公益意识。

(3)学校实践活动:学生在学校中进行实践性课程、试验、实训等活动。例如,实践性的计算机编程、人工智能、机器人等课程,以及实验室、工作室、实训中心等实践性场所。在实习中,学生可以学习到专业知识和技能,提高实际操作能力和创新能力。

(4)政府部门实习:学生在政府部门中实习,可以参与政府公共管理、政策研究、公共服务等工作,如参与城市规划、环保、社保、教育等政府项目。在实习中,学生可以学习到政府公共服务的意义和方法,了解政府的职能和工作方式。

总之,劳动实习的内容是多种多样的,可以根据学生的专业背景和实习目的的不同而有所变化,但都旨在让学生在实践中锤炼自身的实际能力和职业素养,为未来的职业发展打下坚实的基础。

五、职业礼仪和职责

劳动实习是学生在校期间进行的一种实践性活动,是学生学习和锻炼自己的重要途径。在劳动实习过程中,学生需要遵守职业礼仪和职责,这对于学生的成长和发展非常重要。下面介绍一些劳动实习中的职业礼仪和职责。

(1)着装:在劳动实习中,学生需要根据实习场所和职务要求,合理搭配衣着,保持整洁、干净、得体。注意避免穿着过于暴露、花哨或不得体的服装。

(2)准时到岗:学生需要遵守实习场所的考勤制度,准时到岗,不迟到、早退或旷工。如果因为特殊原因不能按时到岗,需要提前通知并请假。

（3）尊重他人：学生需要尊重实习场所的工作人员、同事和客户，不要随意干扰他人的工作和生活。在与他人交流时，要注意礼貌、谦虚、诚恳，不要出言不逊、挑战权威或冷落他人。

（4）保守机密：学生在实习中可能接触到企业或组织的商业机密、核心技术等敏感信息，需要保守机密，不得泄露给外部人员。

（5）完成任务：学生需要认真执行实习任务，按时完成工作，不得敷衍了事或推卸责任。如果遇到困难或问题，要及时向导师或主管反映并寻求帮助。

总之，在劳动实习中，学生需要遵守职业礼仪和职责，保持良好的职业形象和行为习惯，这有助于提高自身的职业素养和实际能力，为未来的职业生涯打下坚实的基础。

任务：了解职业礼仪

一、礼仪从尊重开始

（1）通过自尊来完善自我，以自尊为本，自尊自爱，爱护自己的形象。

（2）通过尊重他人来营造和谐氛围，尊重上级是一种天职；尊重下级是一种美德；尊重客户是一种常识；尊重同事是一种本分；尊重所有人是一种教养（图7-2）。

图7-2

沟通的魅力如图7-3所示。

图 7-3

二、礼仪从"心"开始

（一）良好的仪容仪表

1. 男士仪表基本要求（图 7-4）

（1）男士面容：

1）干净整洁、常剃胡须。

2）鼻、口、耳的清洁。

（2）男士发型：

1）长短适宜：前不覆额、后不蔽领、侧不掩耳，干练、整洁。

图 7-4

2）不理光头。

3）不染发、烫发。

2. 女士仪表基本要求（图 7-5）

女性化妆与发型礼仪：

（1）淡雅自然——慎选粉底、美化眉眼。

（2）扬长避短——展示优点、掩盖不足。

（3）化妆避人——切莫当众上妆。

（4）用香适度——根据场合选择香水。

（5）短发、盘发、束发最合适，披发需慎重。

图 7-5

（二）商务接待——介绍（站、坐、蹲姿规范）

（1）站姿。

1）男士站姿。挺胸抬头，但下巴不能翘出去，两脚自然叉开，但不得宽于肩部，重心自然落在两脚中央，肩膀和身体的线条保持流畅。

2）女性站姿。挺胸收腹，自然流畅，突出一种轻盈、柔和的美。丁字步站姿会比较漂亮，双手放腿部两侧，手指稍弯曲，或者双手相交，放小腹部。

3）站立时的手势要求。前握指示立：右手在上、左手在下，在体前交叉。后握指示立：右手在上、左手在下，在体后交叉。

站姿规范如图 7-6 所示。

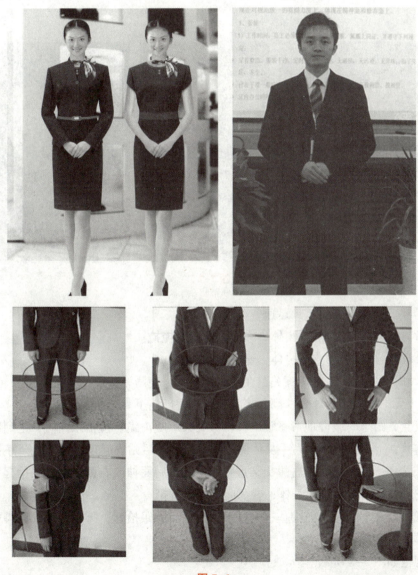

图 7-6

（2）坐姿。

1）男士坐姿。坐到2/3位置，上身挺直，脚不要抖，手可以自然放在膝盖或扶手的两边；可以叠腿，但不能抖，不能把脚尖翘起来。鞋袜要符合礼仪。男性膝部可分开一些，但不要过大，一般不超过肩宽。

2）女性坐姿。坐到2/3位置，上身挺直。大腿、膝盖、脚踝不分开，女性应两膝并拢，双腿应侧向一侧（脚尖同侧）。如果累了想换坐姿，叠起来的小腿不要分开。腰背挺直，肩放松。就座时要顺势捋裙子；双手叠放于腿上（右手在上）；沙发要浅坐。

3）入座要求。在他人之后入座或落座；在适当之处就座；在合"礼"之处就座；从座位左侧就座；向周围人致意；毫无声息地就座，以背部接近座椅坐下后调整体位。

4）离座要求。先有表示；注意先后；起身缓慢；站好再走；从左离开。坐姿规范如图7-7所示。

图 7-7

（3）蹲姿。下蹲的三要点：迅速、美观、大方。

1）下蹲拾物时，应自然、得体、大方，不遮遮掩掩。

2）下蹲时，两腿合力支撑身体，避免滑倒。

3）下蹲时，应使头、胸、膝关节在一个角度上，使蹲姿优美。

4）女士无论采用哪种蹲姿，都要将腿靠紧，臀部向下。

上身挺直，蹲下时缓慢地弯下腰，脸带微笑，后腿虚跪。捡拾东西时，走到物品的侧面，呈半蹲状，上身挺直，用右手从体侧伸手捡拾，然后站立起来，这样才会好看。

交叉式蹲姿：左腿在后与右腿交叉重叠，左膝由后面伸向右侧，左脚跟抬起，脚掌着地；两腿前后靠紧，合力支撑身体；臀部向下，上身挺直。

高低式蹲姿：下蹲时，前脚基本垂直于地面，后脚跟抬起，脚掌着地；后脚膝盖低于左膝，臀部向下。

蹲姿规范如图7-8所示。

图 7-8

（三）商务接待——介绍（电话礼仪）

（1）三声内接听，因故未及时接听说抱歉。
（2）先问候再自报家门。
（3）声音适中、愉快、亲切。
（4）微笑接听电话（图 7-9）。
（5）时间：公务电话最好避开节假日、21：00 至次日 6：00、临近下班等时间段（图 7-10）。

图 7-9

（6）空间：私人电话不要在办公室打，要避开同事，避免噪声骚扰，非紧急事情尽量不要在公共场合打电话。
（7）时长：无重要事情，切记 3 分钟原则。

图 7-10

（8）如果有事不宜长谈，需要中止通话时，需礼貌说明原因，告知对方会回拨。
（9）中止电话时应恭请对方先挂电话，不宜"越位"抢先。
（10）一般下级要等上级先挂电话，晚辈要等长辈先挂电话，被叫等主叫先挂电话。

(11)骚扰电话可以先挂。

(四)商务接待——介绍(握手礼仪)

(1)将"卑者"先介绍给"尊者":应先将下级介绍给上级;先将晚辈介绍给长辈;先将男士介绍给女士;先将主人介绍给客人(图 7-11)。

(2)当被介绍时,表现出结识对方的热情,起立或欠身致意,双目应注视对方,介绍完毕,握手问好(图 7-12)。

图 7-11

图 7-12

握手时应注意,尊者为先,上级为先,长者为先,女性为先。客人到来之时应该主人先伸手,表示欢迎;客人走的时候,客人先伸手,表示愿意继续交往;不能伸出左手与人相握;与女士握手,只能轻握手指,忌双手满握;男士在握手前应先脱下手套、摘下帽子,女士可例外。

握手礼仪如图 7-13 所示。

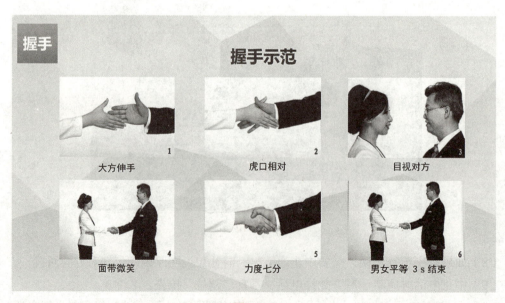

图 7-13

（3）谈话时语气亲和，表情自然，仪态大方，语言表达得体；保持口气清新，不可口水乱喷；谈话时与对方保持 60～80 cm 的距离，双方刚好可以握手为宜；谈话时不要手舞足蹈，可以辅助手势，但是不能对人指指点点（图 7-14）。

图 7-14

（4）用餐文雅，吃的时候应闭嘴细嚼慢咽，切忌发出声音；鱼刺、骨头轻轻吐在自己面前小盘子里，切忌吐在桌上；敬酒时，杯口应低于对方杯口，如无特殊人物在场，可按序敬酒，避免厚此薄彼。嘴里有食物时，不与人交谈；别人给自己倒水时，应扶着杯子，以示礼貌；递水、递饭应用双手递，递筷具递柄的一端。用餐未结束，不可随意离席，需等主人和主宾先离席（图 7-15）。

图 7-15

图 7-15（续）

劳动任务：学习礼仪

（1）仪表礼仪——服饰。

1）男士：着装时要注意客观环境与具体场合，整体要自然得体、协调大方。

2）女士：服装应整洁、得体、大方，不追求过于夸张的修饰。

（2）仪容礼仪。

1）面部：脸部干净；女生化淡妆（表示对人的尊敬）；口腔卫生。

2）头部：头发干净；发型美观；长短适宜；符合岗位要求。

3）手部：手部及指甲缝清洁；指甲长短适宜；保养适当；符合岗位要求。

（3）仪态礼仪。

1）微笑礼仪：微笑是一种国际礼仪，起到了尊重他人、增进友爱、推动沟通、愉悦心情的作用。微笑展示着你的诚意，象征着你的友善，还会缩短你与对方的心理距离，为沟通和交往营造和谐氛围。

2）站姿：身姿挺拔，站立端正。坐姿：入座轻稳，动作协调。蹲姿：方位准确，姿势优雅。走姿：动作协调，步位准确，步幅适度，步速均匀，步伐从容。

（4）介绍礼仪。

1）介绍自己：自我介绍要简单明了，一般在 1 min 内，内容规范。

2）介绍他人：在为他人做介绍时，要遵从"先长后幼，先领导后员工，先长辈后小辈"的准则。

3）业务介绍：一要注意把握时机；二要掌握分寸，扣紧"人无我有""人有我优""人优我新""人新我奇"。

（5）称呼礼仪。称呼指的是人们在日常交往应酬中，所采用的彼此之间的称谓语。在人际交往中，选择正确、适当的称呼，能够反映自身的教养和对对方尊敬的程度，因此，不能随便乱用。在工作岗位上，彼此之间的称呼是有其特殊性的，要庄重、正式、规范。

（6）握手礼仪。

1）握手力度：不宜过猛或毫无力度。伸手的先后顺序：上级在先；主人在先；长者在先；女性在先。

2）握手时间：2～5 s。

3）视线：要注视对方并面带微笑。

（7）接待礼仪。接待来访客人是很多企业员工的一项经常性的工作。它不仅关系到自己的形象，还关系到企业的形象。所以，接待来访的礼仪历来都受到重视。

（8）电话礼仪。电话扮演内外联系工作的第一线角儿，完全靠声音和语言与对方沟通。接打电话要遵循"以客为尊，将心比心，判断与应变"三种观念，长期培养，不断磨炼，日久就能"心口合一"，应对自然恰当。

（9）用餐礼仪。以右为尊，三人以中为上，面门为上，观景为佳。

注意事项：给客人夹菜时，应使用公筷；用双手举杯敬酒，眼睛注视对方，喝完后再举杯表示谢意；碰杯时，杯子不要高于对方的杯子。

（10）沟通礼仪。

1）礼仪要做到三到——眼到、口到、意到。

2）要遵循人际关系的 3A 原则。

人际关系的 3A 原则是商务礼仪的立足资本，是由美国学者布吉尼教授提出来的。3A 原则实际上是强调在商务交往中处理人际关系最重要的需要注意的问题。3A 原则告诉我们在商务交往中不能只见到物而忘掉人。强调人的重要性，要注意人际关系的处理，不然就会影响商务交往的效果。3A 原则是讲对交往对象尊重的三大途径。

第一接受对方，宽以待人，不要难为对方，让对方难看，客人永远是对的。例如在交谈时有"三不准"：不要打断别人；不要轻易补充对方；不要随意更正对方，因为事物的答案有时不止一个。不是原则问题，要接受对方。

第二重视对方，欣赏对方。要看到对方的优点，不要专找对方的缺点，更不能当众指正。重视对方的技巧：一是在人际交往中要善于使用尊称，称行政职务，技术职称；二是记住对方，例如，接过名片要看，记不住时不要张冠李戴。

第三赞美对方。对交往对象应该给予赞美和肯定，懂得欣赏别人的人实际上是在欣赏自己，赞美对方也有技巧：一是实事求是，不能太夸张；二是适应对方，要夸到点子上。

交往礼仪中的一条十分重要的原则叫作 3A 原则。它的含义是要求人们在与其他人进行交往的过程中，努力地以自身的实际行动，去接受对方，重视对方，赞同对方。

> **学习成果展示**

（1）课程学习结束后，每个学生都要将其付诸到实际行动。例如，

1）坐姿：在上课的途中练习走姿，在与教师、同学交谈时练习站姿、坐姿。

2）握手：大家平时打招呼时，互相握个手，增强对握手礼仪知识的记忆。

3）电话礼仪：平时接打电话时练习电话礼仪。同学之间互相监督。

4）用餐礼仪：在吃饭时，可以练习用餐礼仪。

（2）礼仪情境演练：每个学生要参加课堂现场演练，展示自己的仪容、仪表、仪态，需要两个人及以上来完成的（如握手礼仪、介绍礼仪等），则要选择好自己的搭档。对表现较好的学生，予以奖励。

单元一　人生第一桶金（地摊经济、电子商务等）

近年来，随着经济形势的变化，创新创业形式多样，如地摊经济与电子商务、直播带货成为热门话题。

一、地摊经济

地摊经济一直以来都是中国的传统经济形态，随着城市化进程的加速和消费升级的需求，地摊经济在当代社会也有了新的发展和价值。政府也在积极推动地摊经济的发展，推出了一系列扶持政策，如取消摊位租金、减免税收等。同时，地摊经济也面临一

些问题，如管理难度、环境卫生等问题。因此，要想实现地摊经济的可持续发展，需要政府和社会各界的共同努力，加强管理、规范经营，并提供更好的创业环境和就业保障。

地摊经济是指在城市街头、社区、农村等环境中，采用低成本、低门槛和灵活的方式开展的，以摊位作为经营场所，通过小规模的商业经营来实现生计的一种经济模式。它通常是指在公共场所或私人场所上摆设货品，小规模地出售商品、提供服务等，通过低成本、低门槛的方式，为个人和家庭提供了一种创业的途径。地摊经济的出现：一方面能够提供一些必需品和服务；另一方面也可以创造就业机会，促进经济发展。

地摊经济有以下几个优势。

（1）低成本、低门槛：地摊经济通常以低成本、低门槛的方式开展，不需要太多的资金和准备工作，甚至可以是个人在闲暇时间里自发开展的活动。

（2）灵活性高：地摊经济的经营时间和地点都比较灵活，可以根据市场需求和经营状况进行调整，从而更好地适应市场变化。

（3）创业机会多：地摊经济的门槛低，可以为很多有创业想法的人提供一个创业的机会，从而带动就业、促进经济发展。

（4）提供就业机会：地摊经济为很多人提供了就业机会，特别是一些刚进入社会或缺乏专业技能的人群，通过经营地摊，他们可以获得一定的收入，增加生活来源。

（5）服务对象广泛：地摊经济的服务对象广泛，可以满足不同人群的需求，如提供生活必需品、小商品、特色美食等。

（6）促进消费升级：地摊经济在一定程度上可以满足消费升级的需求。很多地摊上的商品价格相对较低，且具有一定的特色和品质，适合普通民众的消费需求，可以带动消费，促进经济增长。

（7）增加税收收入：地摊经济的发展可以增加税收收入，帮助政府提高财政收入，支持经济建设和社会事业发展。

（8）推动城市经济发展：地摊经济可以使城市的商业格局更加多元化，增加市场竞争，推动城市商业的发展。

（9）促进创新：地摊经济在不断的发展过程中，会不断涌现出新的经营模式、新的产品和服务，从而推动经济的创新和发展。

（10）促进城市文化发展：地摊经济是城市文化的重要组成部分之一。地摊上的摊主和消费者来自不同的社会群体，他们在交流和互动中，可以促进城市文化的交流和传播，使城市更加充满活力和魅力。

总之，地摊经济具有低成本、低门槛、灵活性高、创业机会多、提供就业机会、服务对象广泛、增加税收收入、促进创新和促进城市文化发展等优势，对于推动市场经济和促进就业都有着积极的作用。

案例1：小王的第一桶金

小王是一名大学生，在校期间就对创业有着浓厚的兴趣。毕业后，他选择开一家小型地摊作为第一步创业尝试。他在市场上买了一些廉价的小商品，如手机壳、耳机、手链、钥匙扣等，然后在学校附近的公共场所上摆起了地摊。

经过一段时间的努力，小王的地摊生意逐渐变得红火起来。他坚持每天早上提前到市场摆摊，晚上收摊，认真对待每个顾客，提供贴心的服务。他的商品质量也不错，价格适中，吸引了很多学生和周边居民的光顾。渐渐地，他的生意越来越好，利润也在逐年增长。

几年后，小王的地摊已经发展成了一家小型的实体店。他开始尝试扩大经营范围，引入更多的商品，同时，还开展了一些小型的推广活动，如打折促销、送礼品等。他的店铺越来越受欢迎，客流量也不断增加。最终，他成功地创办了自己的品牌，并在市场上取得了很好的口碑和信誉。

小王的成功案例表明，地摊经济可以成为实现人生第一桶金的途径，只要你有创业的热情和毅力，并能够提供优质的商品和服务，就有可能实现自己的创业梦想。

案例2：淄博烧烤的网红之路

淄博烧烤并非一开始就是网红，而是通过一系列营销策略和社交媒体推广后，逐渐成为网红。

在淄博，烤串摊位遍布各个街头巷尾，淄博市区和周边地区都能品尝到正宗的淄博烧烤。淄博烧烤的特点是吃起来肉质鲜嫩多汁，口味浓郁香辣，而且价格实惠，深受大众喜爱。吸引了大量的游客和当地居民前来品尝。

在事件发生前，淄博烧烤并没有太多的知名度和影响力，但在事件发生后，由于事件的轰动性和争议性，淄博烧烤开始引人注目。此时，一些人开始通过社交媒体等渠道对淄博烧烤进行各种讨论和评价。这些讨论和评价逐渐扩散到更多的人群中，淄博烧烤逐渐成为一个热门话题。

针对这一情况，淄博烧烤开始采取一系列营销策略，将自己打造成一个网红。它在社交媒体上发布了大量的照片和视频，展示自己的烧烤技巧和特色菜品，吸引了越来越多的粉丝关注。同时，淄博烧烤也积极参加各种展会和活动，扩大自己的影响力。

这些营销策略的成功，使淄博烧烤在社交媒体上拥有了大量的粉丝和支持者，也使淄博烧烤的品牌价值得到了提升。在一定程度上，淄博烧烤的网红之路也为其他地摊经营者提供了启示，让他们意识到通过营销策略和社交媒体推广，可以使自己的品牌价值得到提升，从而获得更多的商机和机会。同时，淄博烧烤也是当地小吃文化的代表之一，成为淄博市的一张名片。

案例3：陶溪川陶瓷文化创意园

景德镇陶瓷市集如陶溪川市集、乐天陶社市集、明清园市集等，每周末都风雨无阻地开放。陶艺街市集每晚都在。

景德镇陶溪川陶瓷文化创意园（图7-16）夜色下的货摊，创意小瓷品琳琅满目。

模块七　职业礼仪

图 7-16

"陶溪川·CHINA 坊"国际陶瓷文化产业园是景德镇的市重点项目,是由江西省陶瓷工业公司投资亿元兴建的一座集文化创意市集、购物、休闲、餐饮、娱乐等多种综合功能于一体的大型城市综合体。陶溪川陶瓷文化创意园坐落在景德镇市新厂——昌江一线的黄金区位,一轴五片十一厂的布局横跨景德镇两个中心城区,毗邻三院两校,项目总占地面积为 1 300 亩(1 亩 ≈ 666.67 m^2)。其涵盖各类艺术工作室、餐饮、商务酒店会所、休闲剧场、博物馆、特色精品街、主题客栈、百货商场等业态。其中,核心区域宇宙瓷厂总建筑面积 18 万 ㎡,一期建设 12 000 ㎡,建设有公共休闲广场,其中广场周边为轻餐饮,后厅锯齿厂房改造为学院派艺术工作室,前后厅空间互为交流,外部在保留老厂房原有风格的基础上加入现代设计元素,强烈的对比带有鲜明的时代感,整体和谐统一;整个园区的配套服务设施与文化建设将会逐步完善,最终建成以陶瓷文化为核心的与世界接轨的文化艺术创意交流平台。"陶溪川·CHINA 坊"国际陶瓷文化产业园设计独特、底蕴深厚,配套有旅游集散中心,创意市集等集聚人气,内部设施齐全。

陶溪川国际陶瓷文化产业园以原宇宙瓷厂为核心启动区,方圆 1 km^2,工业遗产众多,历史记忆丰富,按照设计、建设、管理、运营四位一体的模式,抢救性保护与修复煤烧隧道窑、圆窑和各个年代的工业厂房等近现代工业设备;建设七十二坊陶冶图全景客厅、陶瓷工业遗产活态博物馆、明清窑作营造长廊、学徒传习所等陶瓷非物质文化遗产工艺过程展示场所,以及精品酒店、红酒窖、雪茄吧、餐馆、咖啡馆等文化旅游业态,以及现代服务业配套设施。

功能定位:集文化创意、购物、休闲、餐饮、娱乐等多种综合功能于一体的大型城市综合体。经营理念定位:打造全中国首个"一站式"文化休闲娱乐旅游体验创意中心。品牌定位:景德镇城市工厂保护区、世界级艺术创意交流平台、江西旅游目的地、国家文化复兴先锋示范区(图 7-17)。

陶溪川市集周五、周六 15:30—21:30 开放。陶溪川集市有周五下午和周六晚上两场，分创意区和传统区。景德镇做陶瓷的年轻人聚集在这里，以百川归海的态势，来到陶溪川，支起帐篷和临时小桌，摆上刚刚出窑的陶瓷小物件，千奇百怪，花样层出不穷，想象力大比拼就此上演，彻底颠覆人们对90后"too young too simple"的印象。陶溪川集市以景漂一族和大学毕业生为主，摆摊的店主可能是大学生，也可能是手工艺者，这里售卖的手工品种类也十分丰富，在每一张桌台上都摆放着这些年轻的新瓷人的独特创意，装饰瓷、文房器、茶器、饰品、自制美食、原创服装等应有尽有，可以说是景德镇最热闹、最齐全的淘货市集了。

参考资料：百度百科陶溪川陶瓷文化创意园

图 7-17

二、跳蚤市场

跳蚤市场是一种集中销售二手商品为主的市场，通常是在公共场所、露天场地或室内场馆举办。在跳蚤市场，人们可以出售自己不需要的二手物品，也可以在那里购买到价格相对较低的二手物品，如家具、电器、衣物、书籍、工艺品等。

跳蚤市场起源于欧美国家，现在已经成为世界各地的一种流行的购物和娱乐方式。跳蚤市场与传统的商场和百货公司相比，具有以下几个特点。

（1）商品种类多样：跳蚤市场上的商品种类非常丰富，可以满足不同人群的需求。

（2）商品价格低：跳蚤市场上的商品都是二手物品，价格通常比新物品低很多。

（3）环境氛围独特：跳蚤市场通常安排在户外或室内的开放场地，环境氛围比较轻松自由，人们可以在购物的同时享受到社交和娱乐的乐趣。

（4）资源再利用：跳蚤市场的二手商品和闲置物品，可以通过再利用的方式，减少浪费和资源的损耗。这不仅有利于环境保护，还可以为社会节约能源和资源。

（5）交易方式简便：跳蚤市场上的交易方式通常很简单，买卖双方可以直接面对面进行交易，避免了传统商场中烦琐的交易流程。

（6）促进社交互动：跳蚤市场是一个集中了大量人群的场所，摆摊的商家和前来购物的消费者之间可以进行交流与互动，增进彼此之间的了解和沟通，促进社交互动。

（7）提供就业机会：跳蚤市场为一些小商家提供了经营场所，也为一些人提供了就业机会。这些人可以通过在跳蚤市场上经营小生意，赚取一定的收入。

（8）促进经济发展：跳蚤市场的存在也可以促进经济发展。二手商品和闲置物品的销售，可以为一些人提供便宜的购物选择，同时，也可以促进消费。

总之，跳蚤市场是一种非常特别的市场形式，它具有价格低、商品种类多样、交易方式简便等特点。跳蚤市场不仅可以实现资源再利用，促进社交互动，还可以为一些人提供就业机会和促进经济发展，深受人们的喜爱和青睐。因此，跳蚤市场在当今社会中，具有一定的社会价值和作用。

跳蚤市场实际案例：在美国，有一个名为"布鲁克林跳蚤市场"的地方，是一个每周六在布鲁克林举行的室外市场。市场上有各种各样的物品，包括家具、电器、服装、手工艺品、古董等。这个市场吸引了来自纽约市各个地方的人们前来购物和售卖物品。

在这个跳蚤市场中，有很多特色的小摊位，例如，售卖手工皮具制品的摊位，售卖独立设计师作品的摊位，还有售卖古董书籍和海报的摊位等。这些小摊位吸引了很多独立设计师、手工艺人和书籍收藏家前来展示与交流。

除小摊位外，还有一些摊位售卖二手家具和电器。这些物品大多数是来自当地居民的闲置物品，通过这个市场得到了二次利用。购买这些二手物品的人们可以以相对低的价格购得所需的物品，同时，也为环保事业贡献了一份力量。

总之，这个跳蚤市场为当地居民提供了一个可以出售闲置物品、购买二手物品、展示创意和交流经验的平台，同时，也为环保事业做出了贡献。这个市场不仅给人们带来了经济上的收益，还带来了社交和文化交流的机会，成为当地的一道风景线。

三、电子商务

电子商务（E-commerce）是指在互联网上进行商品和服务交易的商业活动。它利用互联网技术、网络支付等电子手段，使供应商和消费者之间的商业活动更加便捷与高效。

电子商务的发展给商业活动带来了许多变化，它可以使商业交易更加便捷、高效和全球化，同时，也可以为消费者提供更多选择和更优质的商品和服务。随着互联网和移动互联网的普及，电子商务已经成为一种重要的商业模式，对于推动经济发展和社会进步具有重要的作用。

1. 助农带货

助农带货是一种新型的消费方式，是指通过购买农产品，支持农民增收，同时进一步推广和销售农产品。这种方式可以帮助农民获得更好的经济效益，也可以让消费者获得更加优质的农产品。

助农带货的方式包括以下几种。

（1）农产品线上销售：通过线上商城或电商平台，将优质的农产品进行销售，使消费者可以方便地购买到来自农村的优质产品。

（2）农产品线下销售：在超市、商场等场所设立农产品专柜或摊位，将农产品进行销售，使消费者可以感受到更加真实的购物体验。

（3）农业旅游：通过开展农业旅游，使消费者亲身体验农村的风土人情，了解农产品的生产过程，同时，也可以购买到当地的优质农产品。

通过助农带货的方式，农民可以获得更好的经济效益，也可以推广和销售更多的农产品。同时，消费者也可以享受到更加优质的农产品。这种方式有利于促进城乡经济的协调发展，也有利于推动农村的现代化和城市的农业化。

助农带货可以产生以下几个方面的价值：

（1）帮助农民增收：通过助农带货的方式，消费者可以直接购买到来自农民的农产品，从而为农民提供更多的销售渠道和收入来源，帮助农民增加收入，提高生活水平。

（2）促进农业发展：助农带货可以帮助农民销售农产品，提高农产品的市场竞争力，促进农业发展和农村经济的繁荣。

（3）保护农产品品质：通过助农带货的方式，消费者可以直接购买到来自农村的优质产品，这有利于保护农产品的品质和口感，促进农产品质量的提高。

（4）推动乡村振兴：助农带货可以促进城乡经济的协调发展，推动乡村振兴战略的实施。通过助农带货的方式，可以帮助农民增收、促进农业发展，进而推动整个乡村的经济发展和社会进步。

（5）提高消费者体验：助农带货可以使消费者直接购买到来自农村的优质产品，提高消费者的购物体验和品质感。

总之，助农带货可以帮助农民增收、促进农业发展、保护农产品品质、推动乡村振兴，同时，也可以提高消费者的购物体验和品质感。助农带货是一种具有社会价值和意义的消费方式，对于促进经济发展和社会进步具有重要的作用。

2. 直播导购

直播导购是一种通过网络直播平台展示商品，辅以主播的产品展示和推荐，引导观众进行购物的营销方式。通常是由一名或多名主播在直播过程中，向观众展示商品的外观、特点、用途等，并且提供购物链接和优惠码等信息，引导观众进行购买。

直播导购的优点如下。

（1）互动性强：观众可以通过直播平台参与互动，向主播提问、评论和反馈，增加购买的互动性和趣味性。

（2）购买体验好：主播通过直播展示商品，可以使观众更加直观地了解商品的外观、特点、用途等信息，提高购买体验的满意度。

（3）营销效果好：主播可以通过直播展示商品的特点和使用方法，直接引导观众进行购买，提高销售转化率和购买意愿。

（4）范围广：直播可以通过网络平台进行，观众可以来自全国各地，从而拓展了销售范围。

直播导购的发展在一定程度上改变了传统的购物方式，使购物更具有娱乐性和互动性。同时，直播导购也为企业提供了一种新的营销方式，可以直接面对消费者，提高销售效果和品牌形象。

3. 体验电子商务

体验电子商务是一种将线下商业体验和线上电子商务相结合的新型商业模式。

体验电子商务的主要特点包括以下几项。

（1）线上、线下融合：通过线下实体店、展示馆、体验店等场所提供真实的商品展示和体验，同时结合电子商务技术，实现线上、线下的融合。

（2）个性化服务：体验电子商务可以通过数据分析和人工智能技术，为消费者提供个性化的商品推荐和服务。

（3）增强消费体验：体验电子商务通过提供更加真实、直观的商品展示和体验，增强消费者的购物体验和购买欲望。

（4）优化供应链：体验电子商务可以通过智能化的供应链管理，实现商品的快速配送和高效的售后服务，提高了供应链的效率和质量。

体验电子商务的发展改变了传统电子商务的模式，提供了更加真实、直观的商品展示和体验，同时，也提高了消费者的购物体验和购买欲望，促进了电子商务的发展和创新。随着科技的不断进步和消费者需求的不断变化，体验电子商务有望在未来成为电子商务的一个重要趋势。

4. 体验店

体验店是一种以消费者体验为主要目的的实体店。与传统的实体店不同，体验店更加注重消费者的购物体验和感受，提供更加真实、直观的商品展示和体验，通过创新的营销和技术手段，为消费者提供更加丰富、个性化的购物体验。

体验店的主要特点包括以下几项。

（1）提供真实、直观的商品展示和体验：体验店通过展示商品、提供样品、模拟使用场景等方式，使消费者更加真实、直观地感受商品的质量和特点。

（2）注重消费者体验和感受：体验店注重消费者的购物体验和感受，通过创新的营销和技术手段，为消费者提供更加丰富、个性化的购物体验。

（3）营造品牌形象：体验店通过独特的装修、展示和营销手段，营造出独特的品牌形象，提高品牌的知名度和美誉度。

（4）结合线上、线下方式：体验店通过结合线上、线下的方式，实现线上、线下的融合，提供更加便捷、快速的购物体验。

体验店的出现改变了传统实体店的模式，提供了更加真实、直观的商品展示和购买体验，提高了消费者的购物体验和购买欲望，促进了零售业的发展和创新。随着消费者需求的不断变化和科技的不断进步，体验店也在不断创新和变革，成为零售业的一个重要趋势。

体验店是一种以提供沉浸式、体验式购物体验为主的零售店。其商业模式主要包括以下几种。

（1）产品销售：体验店提供的产品通常是与品牌相关的产品，如服装、鞋子、家居用品等。体验店不同于传统的零售店，通常会提供更加个性化的产品选择，并且会在店内布置独特的场景和氛围，使消费者更加舒适、自在地购物。

（2）沉浸式体验：体验店的主要特点是提供沉浸式、体验式的购物体验。店内通常会设置各种场景，使消费者能够在店内感受到产品的使用场景，如试穿衣服、躺在床上、在厨房里使用厨具等。这种沉浸式的体验能够增加消费者的购买欲望，提高销售量。

（3）品牌传播：体验店不仅是一个销售产品的场所，更是品牌传播的重要渠道。体验店通常会在店内展示品牌的历史、文化及核心价值观，使消费者更好地了解品牌。同时，店内的布置和体验也能够成为消费者的口碑宣传，对品牌形象的塑造起到重要的作用。

（4）社交媒体营销：体验店的场景和氛围通常非常有趣和有吸引力，这种特点也是体验店进行社交媒体营销的重要优势。体验店可以在店内设置拍照区域或提供免费的拍照服务，使消费者能够将自己的购物体验分享到社交媒体上，进而扩大品牌的影响力。

（5）会员制度：体验店通常会通过推出会员制度来吸引消费者，提高消费者的忠诚度和回头率。会员可以享受一些特别的优惠和服务，如折扣、生日礼物、免费试用等。

总之，体验店的商业模式注重提供沉浸式、体验式的购物体验，通过这种方式来增加消费者的购买欲望，提高销售量，并且通过品牌传播和社交媒体营销来扩大品牌的影响力。

5. 展示馆

展示馆是一种专门用于展示产品、服务或文化作品的场所。它通常由展示区域、展示设施、陈列展品等组成，是一种集展览、展示、交流、推广于一体的场所。

展示馆的主要特点包括以下几项。

（1）展示产品、服务或文化作品：展示馆主要用于展示一定范围的产品、服务或文化作品，如科技展览、汽车展览、文化展览等。

（2）提供观众参观和学习的机会：展示馆不仅是展示产品、服务或文化作品的场所，还提供观众参观和学习的机会，使观众更加直观、深入地了解展示内容。

（3）满足市场需求：展示馆通常是为了满足市场需求而设立，可以为企业、机构或团体提供一个展示、推广产品或服务的平台。

（4）营造品牌形象：展示馆可以通过独特的装修、展示和营销手段，营造出独特的品牌形象，提高品牌的知名度和美誉度。

展示馆在经济和文化领域中具有重要的地位和作用。它不仅可以满足市场需求，提高企业、机构或团体的知名度和美誉度，还可以促进文化交流和文化创意产业的发展。随着科技和文化的不断进步与发展，展示馆也在不断创新和变革，成为文化和经济领域的一个重要的组成部分。

当今世界上有很多著名的展示馆，具体如下。

（1）上海科技馆：该科技馆是我国最大的科技馆之一，集科学、教育、文化和娱乐等多种功能于一体，展示了现代科技的最新成果和应用。

（2）纽约自然历史博物馆：该博物馆是美国最大的自然历史博物馆之一，展示了恐龙骨骼、古代文明、动物和植物等自然科学的丰富内容。

（3）法国卢浮宫博物馆：该博物馆是全球最著名的博物馆之一，收藏了世界上最珍贵的艺术品和文物，包括蒙娜丽莎等世界级名作。

（4）上海迪士尼度假区：该度假区是中国最著名的主题公园之一，提供了迪士尼动画电影、卡通形象等多种主题的娱乐项目和活动。

（5）东京迪士尼乐园：该乐园是日本最著名的主题公园之一，提供了迪士尼动画电影、卡通形象等多种主题的娱乐项目和活动。

这些展示馆通过各种方式，将自然科学、人文艺术、文化传承等多种内容展示给观众，为人们提供了一个了解和体验世界的机会，也成为吸引游客和推动经济发展的重要组成部分。

展示馆的商业模式通常包括观众购票、赞助商和展商赞助、特别活动和附加服务等。

（1）观众购票：展示馆通常会向观众收取门票费用，观众购票后可以进入展示区域观看展品。门票收入是展示馆最主要的收入来源之一。

（2）赞助商和展商赞助：展示馆可以与品牌、企业、机构或团体合作，通过赞助或合作的方式获得收益。赞助商可以在展示馆内设置广告牌、展示区域或特别活动；展商则可以在展示馆内展示和销售自己的产品或服务。

（3）特别活动：展示馆可以通过举办特别活动来吸引观众，如主题展览、演出、讲座等，这些活动通常需要额外支付费用。

（4）附加服务：展示馆可以提供一些额外的服务，如讲解服务、礼品店、餐饮服务等。这些服务通常需要额外支付费用，也能为展示馆带来额外的收益。

展示馆的商业模式可以根据不同的展示内容、市场需求和经营策略进行调整与创新，以适应市场的变化和发展。同时，展示馆也需要保证展示内容的质量和吸引力，提高观众满意度，从而获得长期稳定的收益。

6. 社交电子商务

社交电子商务是一种将社交媒体和电子商务结合起来的商业模式。它通过社交平台（如微信、微博、Facebook、Instagram 等）的社交关系和社交数据，为消费者提供个性化的商品推荐和购物体验，从而提高销售效率和用户黏性。

社交电子商务的主要特点包括以下几项。

（1）社交关系：社交电子商务利用社交媒体平台的社交关系，将消费者的社交网络与商业活动相结合，通过社交分享和推荐，增强商品的曝光度和推广效果。

（2）个性化推荐：社交电子商务通过消费者的社交数据，分析消费者的兴趣爱好和购物偏好，为消费者提供个性化的商品推荐，提高购买转化率和用户满意度。

（3）互动体验：社交电子商务注重互动性和体验性，为消费者提供社交互动、评价、留言等功能，增强消费者的参与感和黏性。

（4）流量变现：社交电子商务通过社交媒体平台的流量获取和变现，将社交媒体流量转化为商业利润，为商家和平台带来双赢。

（5）营销创新：社交电子商务通过与社交媒体的结合，开展各种营销创新，如社交拼团、社交抽奖、社交红包等，增强消费者的购买欲望和参与度。

总之，社交电子商务是一种将社交媒体和电子商务相结合的商业模式，通过社交关系和社交数据，提供个性化的商品推荐和购物体验，为消费者和商家带来更多的商业机会与价值。

7. 共享经济

共享经济是一种基于互联网技术的经济形态，它以共享为核心，通过在线平台实现闲置资源的共享和交易。共享经济的出现旨在提高资源利用率和社会效益，降低经济活动的成本和环境负担。

共享经济的主要特点包括以下五项。

（1）共享资源：共享经济将闲置的资源，如住房、车辆、办公场所等，通过在线平台实现共享和交易，提高资源利用效率和社会效益。

（2）线上交易：共享经济通过在线平台，实现线上交易和支付，提高交易效率和安全性。

（3）社交互动：共享经济注重社交互动和信任建立，通过用户评价、社交分享等方式，增强用户的参与度和信任感。

（4）个性化服务：共享经济通过数据分析和人工智能等技术手段，为用户提供个性化的服务和体验。

（5）低碳环保：共享经济通过资源共享和碳排放降低等方式，降低经济活动的环境负担和碳排放。

共享经济涉及的领域非常广泛，如共享出行、共享住宿、共享办公、共享农业等。共享经济的出现不仅改变了传统经济模式，也带来了新的商业机会和社会效益，是一种具有广阔前景和深远意义的经济形态。

8. 无人零售

无人零售是指利用物联网、人工智能、大数据等技术手段，实现自动化售货和结算的一种新型零售模式。无人零售一般采用自动售货机或智能货架等设备，消费者通过扫码或人脸识别等方式完成支付，无须人工服务。

无人零售主要具有以下特点。

（1）自动化：无人零售主要依靠自动售货机或智能货架等设备，实现自动化售货和结算，减少人工参与，提高效率。

（2）便捷性：无人零售通过移动支付、扫码支付等方式实现快速结算，节省购物时间，提高购物便利性。

（3）数据化：无人零售通过物联网和大数据技术，实现对销售数据、用户偏好等信息的收集和分析，为商家提供更加精准的营销策略。

（4）个性化：无人零售可以根据消费者的购买历史、偏好等信息，提供个性化的产品推荐和服务，提高消费者的满意度。

无人零售在近年来得到了广泛应用，尤其是在一些商业场所、地铁站、机场等高流量地区的便利店、售货亭等。但其也面临着一些挑战，如设备故障、商品管理、安全等问题，需要商家做好维护、管理和风险控制等工作。

▶劳动任务：制订项目计划书

选取以上项目（可以是单项、多项或融合性项目）参考以下模板制订项目计划书（可以是个人或团队）。

×××项目计划书

班级：_____

姓名：_____

一、项目的简要介绍

内容包含项目提出的背景、主要内容、主要目标、创新点。

二、项目的内容

（1）立项依据：根据现状、存在的问题及发展趋势进行阐述。
（2）项目的内容及目标：根据项目的内容和目标进行阐述。
（3）项目可行性分析：
1）对项目进行可行性方面的分析，包括项目已有的情况、条件、工作基础及优势。
2）就存在的问题及解决办法等进行分析。
（4）需求预测及分析：
1）市场定位及市场分析。
2）用户分析。
3）市场环境及前景。
（5）完成项目采用的方法：根据完成项目所需要采用的方法进行阐述。

三、市场和销售安排

（1）市场的基本情况：产品的主要用途、产地，目前的市场容量、增长率、价格变化等。
（2）该单位销售价格、主要销售对象和预计市场份额。
（3）产品的客户情况和销售渠道的安排：
1）客户情况：就目标客户的情况进行说明。
2）销售渠道：介绍销售渠道的安排情况。
（4）目前市场竞争情况：列举出类似项目、替代产品的具体情况，指出其对现在项目的潜在威胁。
（5）影响产品市场的主要因素：对能够影响产品市场的因素进行详细分析。

四、投资预算和效益分析

（1）项目投资和资金安排。
（2）项目的资金结构：对项目资金投入情况及分配进行阐述。
（3）影响效益的主要因素。

五、项目准备和进展的时间表

（1）进行项目分解：根据项目的实际情况将项目分解成几个比较小的模块。
（2）里程碑事件：列出该项目可能经过的几个里程碑情况。
（3）时间安排：根据项目的具体时间安排进行分配。
（4）经费安排：根据项目的每个周期及分解情况进行经费的分配。
（5）人员安排：在各个项目模块及时间段的人员安排情况。

单元二　社会公益服务劳动

社会公益服务劳动是指为了促进社会和谐、增进人民福祉而进行的无偿劳动活动。社会公益劳动的目的是提高社会公共利益，增进社会团结和互助，推动社会发展和进步。社会公益服务劳动的内容非常广泛，主要包括以下几个方面：

（1）社区服务劳动。社区服务劳动是指志愿者或社区人员为社区居民提供的各种服务活动，如社区清洁，社区绿化，老年人、残疾人和儿童的陪伴，义务教育等。
（2）环保服务劳动。环保服务劳动是指志愿者为保护环境和生态而进行的各种服务活动,如垃圾分类、垃圾清理、植树造林、环保宣传等。

（3）教育服务劳动。教育服务劳动是指志愿者为教育事业提供的各种服务活动,如义务教育辅导、职业教育指导、终身教育宣传等。

（4）医疗卫生服务劳动。医疗卫生服务劳动是指志愿者为保障人民身体健康和生命安全而进行的各种服务活动,如义诊、疾病防控宣传、卫生清洁等。

（5）灾害救援公益劳动。为应对自然灾害和突发事件做出贡献,如灾后重建、救援救助等。

（6）社会福利服务劳动。社会福利服务劳动是指志愿者为弱势群体提供的各种服务活动,如救助、关爱、抚慰、走访等。

（7）文化服务劳动。文化服务劳动是指志愿者为文化事业提供的各种服务活动,如文化传承、文化宣传、文化娱乐等。

总之,社会公益服务劳动的内容非常广泛,旨在为社会公共利益做出贡献。这些服务活动不仅可以帮助需要帮助的人们,还可以提高志愿者的社会责任感和参与感,促进社会和谐与进步。

一、社区服务劳动

社区服务劳动是指在社区居民自愿参与、自治、互助、自我管理的基础上,为改善社区环境和生活质量而进行的无偿劳动活动。社区服务劳动的目的是提高社区的整体素质和居民的生活质量,促进社区居民之间的互助和凝聚力。

社区服务劳动的内容非常广泛,包括但不限于以下几个方面。

（1）社区环境整治：社区居民可以自发地参与社区的卫生清洁、垃圾分类、绿化美化等环境整治活动,提升社区的整体环境质量。

（2）社区文化建设：社区居民可以自发地组织社区的文化活动、艺术展示、文化传承等建设活动,丰富社区文化生活。

（3）社区服务和管理：社区居民可以自发地参与社区的服务和管理工作,如社区安保巡逻、社区物业管理、社区服务台接待等,提升社区服务质量。

（4）社区教育和健康：社区居民可以自发地组织社区的教育和健康服务活动,如义务教育辅导、老年人健康关爱、残疾人康复帮扶等,提升社区居民的教育和健康水平。

（5）社区应急救援：社区居民可以自发地参与社区的应急救援工作,如地震、火灾等突发事件的应急救援,提升社区居民的安全保障能力。

总之,社区服务劳动是一种由社区居民自愿参与、自治、互助、自我管理的无偿劳动活动,旨在促进社区居民的凝聚力和互助意识,提高社区的整体素质和居民的生活质量。

二、环保服务劳动

环保服务劳动是指志愿者通过参与环保活动、服务环保组织或开展环保宣传等方式,为保护环境做出贡献的一种劳动形式。环保服务劳动可以包括以下内容：

（1）参与环保活动：参与各种形式的环保活动，如垃圾分类、植树造林、清理垃圾、净化水源、防治污染等。通过参与环保活动，可以增强个人的环保意识，贡献自己的力量，同时，也可以了解环保知识和技能，提高自身的环保素养。

（2）服务环保组织：加入环保组织，为组织提供志愿服务、宣传推广、项目支持等服务。如参与环保组织的义务工作、协助组织开展环保宣传、帮助组织策划环保项目等。通过服务环保组织，可以深入了解环保组织的工作、组织和管理方式，提高自身的组织和协作能力。

（3）开展环保宣传：通过各种方式，向社会宣传环保知识和技能，提高公众的环保意识。例如，在社区、学校、公园等场所开展环保宣传活动，发放环保宣传资料，组织环保讲座等。通过开展环保宣传，可以扩大环保影响力，帮助更多人了解环保知识和技能，提高社会的环保素养。

总之，环保服务劳动的内容是多种多样的，可以根据个人的兴趣和专业背景选择不同的方式参与。通过参与环保服务劳动，不仅可以为环境保护做出贡献，还可以提高个人的环保素养和实际能力，为未来的职业发展打下坚实的基础。

三、教育服务劳动

教育服务劳动是指为提供教育服务而从事的各种劳动活动。其包括各种形式的教育教学、培训、辅导、评估、研究等。以下是教育服务劳动的几个具体内容。

（1）教育教学：为学生提供各种形式的教育教学服务，包括幼儿园、小学、初中、高中、大学等各个阶段的教育教学服务。教育教学服务人员可以是教师、教育工作者、研究人员等，他们通过讲授课程、指导实践、组织活动等方式，促进学生的全面发展和素质提高。

（2）培训、辅导：为需要特殊教育和培训的人群提供相关的辅导与培训服务，如补习班、职业培训、留学咨询等。培训、辅导服务可以帮助学生提高学习成绩和技能水平，为他们未来的发展打下坚实基础。

（3）教育评估：为评估学生、教育机构和教育政策等提供专业的服务，如教育测评、学业评估、教育质量评估等。教育评估服务可以为教育改革和提高教育质量提供有力的支持。

（4）教育研究：为教育和教学领域的研究提供相关服务，如教育政策研究、教育心理学研究、教育技术研究等。教育研究服务可以为教育改革和教学创新提供理论支持与实践指导。

总之，教育服务劳动是一项重要的社会服务，为学生和社会提供了丰富的教育资源和服务，同时，也为教育改革和提高教育质量做出了重要贡献。

四、文化服务劳动

文化服务劳动是指志愿者通过文化艺术表演、文化娱乐活动、文化旅游服务等各种形式，为满足人们文化需求、促进文化交流和推动文化发展而从事的各种劳动活动。以下是文化服务劳动的几个具体内容。

（1）文化艺术表演：为观众提供各种形式的文化艺术表演，如音乐会、舞蹈表演、戏剧演出等。文化艺术表演人员可以是音乐家、演员、舞蹈家等，他们通过表演艺术作品，传递文化信息和艺术情感。

（2）文化娱乐活动：为人们提供各种形式的文化娱乐活动，如电影放映、游戏娱乐、文化节庆等。文化娱乐服务人员可以是放映员、导游、志愿者等，他们通过提供各种文化娱乐活动，满足人们的文化需求和娱乐需求。

（3）文化旅游服务：为游客提供各种形式的文化旅游服务，如导游、旅游咨询、旅游规划等。文化旅游服务人员可以是导游、旅游顾问、志愿者等，他们通过提供文化旅游服务，促进文化交流和推动文化发展。

（4）文化教育服务：为人们提供各种形式的文化教育服务，如文化课程、文化培训、文化讲座等。文化教育服务人员可以是教师、文化专家、志愿者等，他们通过提供文化教育服务，传承和弘扬文化知识与文化价值观。

总之，文化服务劳动是一项重要的社会服务，为满足人们文化需求、促进文化交流和推动文化发展做出了重要贡献。文化服务人员需要具备高度的责任心和职业道德，需要具备专业的知识和技能，同时，也需要具备创新精神和艺术情感。

> **劳动任务**：组建团队组织公益活动实践开展并提交实践报告

一、活动名称：大学生校内（外）×××公益服务活动

二、活动目的：

三、活动口号：

四、活动时间：

五、活动地点：

六、活动流程：

七、任务（人员）分配：

1.

2.

3.

八、活动物资及预算

1.

2.

3.

共计：×××元

九、安全预案

模块八 拓展实操

单元一 现代书刻艺术

现代书刻艺术是指在传统刻字或雕刻艺术的基础上,融合了中国传统书法的笔画、构图、韵律等元素,结合现代艺术的理念和技法进行创新表现的艺术形式。

现代书刻艺术是综合性艺术的反映。它以书法为母体,集传统刻字、篆刻、绘画、版画等于同一件作品中,信息量大,创作过程较其他艺术门类更为复杂。它需要相关艺术种类的支撑,同时,还涉及设计构成艺术,融合色彩构成、平面构成、立体构成于一体。

现代书刻艺术是一种自由和开放的艺术形式,注重多样性和个性表达。它强调在传统技法的基础上进行创新,不再局限于传统的写实和工艺美术的应用,而是注重在技法中融入个人的审美和表现方式,突破传统的限制,打破传统和现代之间的界限,具有很强的时代性和现代感,成为当代艺术中的重要组成部分。

书刻艺术在我国艺术史上源远流长。远在8 600多年前,河南舞阳贾湖裴李岗文化遗址就存在龟甲、石器上的刻画符号,之后的甲骨文、青铜器铭文、摩崖、瓦当、碑刻、汉画像石等又使刻字在不同材质上得以发展,刻字在具有实用性的同时,独立成为一种艺术门类。而今天的现代刻字艺术,从色彩、刀法、字法上都是对古代刻字的一种继承和发扬,正因为它从传统刻字中汲取养料,才能在艺术之林中大放异彩,具有旺盛的生命力。

任务1:了解现代书刻艺术的发展

一、现代书刻艺术初探

通过展示一些现代书刻艺术家的作品(图8-1~图8-6),让学生了解现代书刻艺术的基本概念和特点,引导学生谈论自己对书刻艺术的认识和看法。

模块八 拓展实操

图 8-1

图 8-2

图 8-3

图 8-4

图 8-5

图8-6

二、探究书刻艺术的历史

讲解书刻艺术的起源和历史背景,介绍中国传统书法和篆刻的基本概念与特点。通过对比传统书法和现代书刻艺术的差异,使学生更好地理解现代书刻艺术的独特之处,以及了解书刻艺术的基本特点和发展历程。

现代书刻艺术的起源可以追溯到20世纪初期的欧洲和美国。当时,一些艺术家开始尝试将传统艺术形式与当代艺术的表现手法相结合,创造出了新的艺术形式,如"装置艺术""行为艺术"等。同时,一些书法和篆刻艺术家也开始尝试将传统艺术形式与当代艺术的表现手法相结合,创造出了新的书刻艺术形式,如"抽象书刻""具象书刻"等。

20世纪初的中国,随着传统书法艺术的发展,出现了一些在传统书法基础上进行创新的艺术家,如齐白石、徐悲鸿等。这些艺术家在传统书法的基础上进行创新和发展,形成了一些新的艺术形式,如"画书法""书画结合"等。随着现代艺术的发展,书刻艺术开始走向现代化,出现了一些新的书刻艺术形式,如木刻、铜版画、石版画等。这些新的书刻艺术形式在技术和表现手法上与传统书刻艺术有了很大的不同,形成了现代书刻艺术的雏形。

20世纪50年代和60年代,我国现代木刻艺术的先驱者之一、著名艺术家丰子恺开始在木板上进行创作,开创了现代书刻艺术的先河。随着社会的发展和艺术家的不断探索,一些书法和篆刻艺术家开始尝试将传统艺术形式与现代艺术的表现手法相结合,创造出了新的书刻艺术形式。这些艺术家主张"变革传统,创造新的审美形式",强调书刻艺术的个性和表现力。现代书刻艺术逐渐发展成为一种独立的艺术形式，得到了广泛的认可和推广（图 8-7 ～ 图 8-9）。

图 8-7

图 8-8

图 8-9

任务 2：现代书刻作品创作

材料准备：木板、雕刻刀、复写纸、三角锉、布包、砂纸、墨汁、丙烯颜料。

制作步骤如下：

（1）确定创作主题和表现手法。首先需要确定创作的主题和表现手法。例如，可以选择表现自然景观、人物形象、抽象图案等。同时，也可以选择不同的表现手法，如线条、色彩、笔触等，从而打造出独特的风格和个性。

（2）进行素描和设计。在确定创作主题和表现手法后，需要进行素描和设计，确定好作品的构图、线条和形象等。同时,也可以进行颜色和色调的设计,为作品增添个性和表现力。

(3)选材和制版。根据作品的特点和设计要求,选择合适的材料进行制版,如木板、铜版、石板等,并在上面刻出线条和形象。

(4)墨水和印刷。根据制版要求,选择合适的墨水,掌握好墨水的用量和稠度等,进行印刷。在印刷过程中,需要掌握好印刷的力度和速度,以保证作品的质量和效果。

(5)修整和润色。印刷完成后,还需要进行修整和润色,去除不合适的部分,增强作品的表现力和个性,让作品更加完美。

总之,创作一幅具有个性和表现力的书刻作品需要进行仔细的素描与设计,选择合适的材料和墨水,掌握好制版和印刷的技巧与方法。同时,还需要进行修整和润色,使作品更加完美。

刻字艺术的基本创作过程如下。

1. 书墨稿

书墨稿如图 8-10 所示。

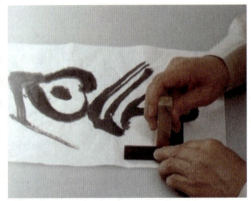

图 8-10

2. 钩稿双钩法

钩稿双钩法如图 8-11 所示。

图 8-11

3. 渡稿

渡稿如图 8-12 所示。

图 8-12

4. 贴印稿

贴印稿如图 8-13 所示。

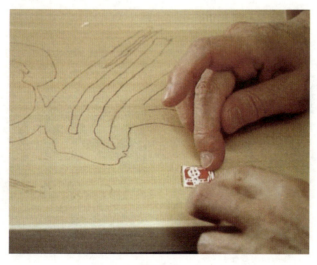

图 8-13

5. 雕刻

雕刻如图 8-14 所示。

图 8-14

图 8-14（续）

6. 打磨

打磨一定要注意，不能将笔画的棱角打磨成圆的，把砂纸裹在木板上平磨（图 8-15）。

图 8-15

7. 上色

上色如图 8-16 所示。

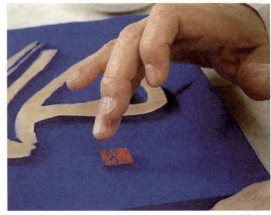

图 8-16

8. 贴金

为了更好地体现金箔的质感,在贴金以前必须使用红色或赭石色做底,想明快一些用朱红,沉重的用赭石色。贴金箔不用胶水,在底色将干未干时进行最好(图 8-17)。

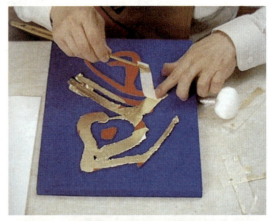

图 8-17

9. 完成作品

完成作品如图 8-18 所示。

图 8-18

任务 3：创作书刻艺术作品

创作书刻艺术作品一件，可以用陶泥板、石膏板与红砖进行材料替换。展示自己的作品，并互相交流和评价。教师可以根据作品的质量、表现力、创意等方面进行评价和点评，鼓励学生发扬自己的创造力和艺术才能。学生作品如图 8-19 所示。

《招财进宝》

《山河无恙》

《平安喜乐》

《沧海龙吟》

图 8-19

单元二　珐琅彩

珐琅彩是瓷器装饰手法之一，源于画珐琅技法。使用珐琅彩装饰手法的瓷器，即珐琅彩瓷。珐琅彩是将画珐琅技法移植到瓷胎上的一种釉上彩装饰手法，后人称"古月轩"，国外称"蔷薇彩"。珐琅彩始创于清代康熙晚期，至雍正时，其得到进一步发展。珐琅彩瓷为清代康熙晚期在康熙皇帝的授意下，将铜胎画珐琅技法成功地移植到瓷胎上而创烧的彩瓷新品种。以雍正、乾隆时期的产量最大，乾隆以后即少有制作。乾隆时期，宫中收藏的珐琅彩瓷器曾集中存放在端凝殿，据档案记载有400多件。按照清代宫廷档案记载和珐琅彩瓷器原盛匣的标识，珐琅彩瓷器的正式名称应为"瓷胎画珐琅"。珐琅彩瓷器是专供帝后玩赏的艺术品，宫廷控制极为严格。制作它所需要的白瓷胎由景德镇御窑厂提供，运送到宫廷后，在皇帝的授意下，于内务府造办处珐琅作由宫廷画家精心彩绘，宫廷写字人题写诗句、署款，最后入炭炉经600 ℃左右焙烧而成。珐琅料是一种人工烧炼的特殊彩料，雍正六年（1728年）以前需要依赖欧洲进口，雍正六年以后，清宫造办处已能自炼20余种珐琅料，而且色彩种类比进口彩料更为丰富，遂使珐琅彩瓷器获得突飞猛进的发展。康熙时期的珐琅彩瓷器多以胭脂红、蛋黄及蓝色作地，还有一类特有的在宜兴紫砂胎上画珐琅彩的器物。典型雍正、乾隆时期的珐琅彩瓷器是诗、书、画、印相结合的艺术珍品，是中国古代彩瓷工艺臻达顶峰时期的产物。

任务：了解珐琅彩的发展，尝试用平面材料进行珐琅彩创作

一、色彩的碰撞

当人们看到鲜红的樱桃、翠绿的西瓜、明黄的香蕉时，一定会觉得大自然很神奇。当色彩与色彩碰撞，生活从此变得精彩万分，不同质感所带来的不同温度，在视觉赋予手触感后，人们只需要用眼睛，就可以感受到这份温度（图8-20）。

（1）材料准备：杯垫、白纸、复写纸、金丝、粘丝胶、淋膜胶、剪刀、镊子、彩砂、调砂杯、调砂胶、尖头刮刀、AB胶（图8-21）。

（2）制作步骤：

1）设计图稿：首先将画纸裁剪成杯垫大小，在纸上画出自己喜欢的形状或好看的图案，要求线条流畅、清晰，构图大小合适（图8-22）。

图 8-20

图 8-21

图 8-22

2）拓印：杯垫上覆盖复写纸和画稿，固定好之后，使用另一种颜色的笔将图案复印到画板上，用另一种颜色的笔可以清楚地看出画的图案，防止少描漏印（图 8-23）。

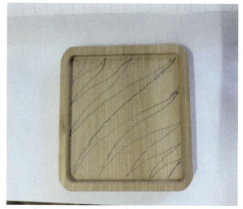

图 8-23

3）掐丝：在线条上涂上少量粘丝胶（等待 2～3 min，等到胶水不拉丝），借助铅笔将丝线捋直，丝线跟着线条走向走线粘丝，拐弯处借助镊子帮助掐丝。在这个过程中可以自由转动画板，以方便操作。在图形结束时剪刀垂直画板剪丝（图 8-24）。

4）检查：将杯垫倾斜观察所有丝线接口是否有空隙，防止上色时串色（图 8-25）。

图 8-24　　　　　　　　　　　　图 8-25

5）点蓝：将比例为 1∶1∶1 的调砂胶∶水∶彩砂加入调砂杯搅拌混合，借助尖头刮刀铲出少量彩砂，一一对应地填入掐丝画面中。要注意颜色的渐变和过渡，在做渐变的时候先大面积地铺上主色，然后把需要过渡的颜色用尖头刮刀少量多次地放在主色里面使其混合，若不小心上错颜色，可用铲刀挖出，重新上色即可。上完颜色后可按住画面一角，轻轻晃动画板使彩砂平整（图 8-26）。

图 8-26

6)干燥:最后放在阴凉平整的地方等待作品稍微干一点后将做好的作品淋上 AB 胶再次晾干即可,注意,A 胶和 B 胶的混合比例是按照 3∶1 来调配的,并且要充分搅拌均匀才能淋在画面上,最后静置 12 ~ 48 h 即可(图 8-27)。

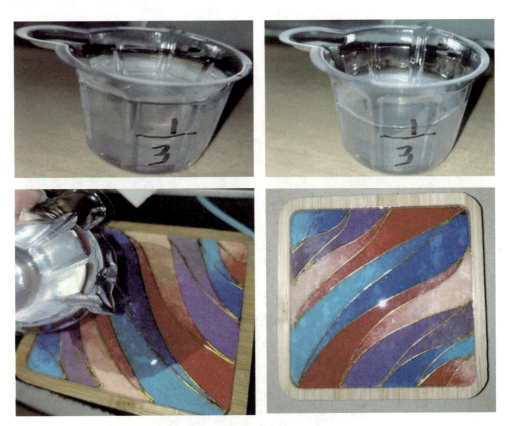

图 8-27

作品效果图如图 8-28 所示。

图 8-28

二、承载时光的记忆

欧阳修诗云:"醉翁之意不在酒,在乎山水之间也。"其意思是:醉翁的情趣不在喝酒上,而在欣赏山水之间的美景,晨曦初照,而山就像含羞的少女,若隐若现,日落西山,余光横照。在这么美的环境中饮酒,怪不得连唐宋八大家之一的欧阳修都如此迷恋。所以,就让我们拿起手中的材料和工具一起遨游山水间绘制一幅别有韵味的山水珐琅画(图 8-29)。

图 8-29

(1)材料准备:摆件盘、白纸、复写纸、金丝、粘丝胶、淋膜胶、剪刀、镊子、彩砂、调砂杯、调砂胶、尖头刮刀(图 8-30)。

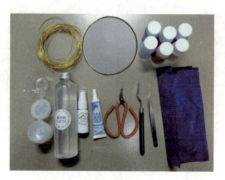

图 8-30

（2）制作步骤：

1）设计图稿：首先将画纸裁剪成摆件盘大小，在纸上画出自己喜欢的山水图案，要求线条流畅、清晰，构图大小合适（图8-31）。

2）拓印：在摆件盘上覆盖复写纸和画稿，固定好之后，使用另一种颜色的笔将图案复印到画板上，用另一种颜色的笔可以清楚地看出画的图案，防止少描漏印（图8-32）。

3）掐丝：在线条上涂上少量粘丝胶（等待2～3 min，等到胶水不拉丝），借助铅笔将丝线捋直，丝线跟着线条走向走线粘丝，拐弯处借助镊子帮助掐丝。在这个过程中可自由转动画板，以方便操作。在图形结束时剪刀垂直画板剪丝（图8-33）。

图8-31

图8-32

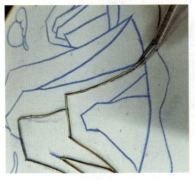 

图8-33

4）检查：将摆件盘倾斜观察所有丝线接口是否有空隙，防止上色时串色（图8-34）。

5）点蓝：将比例为1∶1∶1的调砂胶∶水∶彩砂加入调砂杯搅拌混合，借助尖头刮刀铲出少量彩砂，一一对应地填入掐丝画面中。要注意颜色的渐变和过渡，在做渐变的时候先大面积地铺上主色，然后把需要过渡的颜色用尖头刮刀少量多次地放在主色里面使其混合，若不小心上错颜色，可用铲刀挖出，重新上色即可。上完颜色后可按住画面一角，轻轻晃动画板使彩砂平整（图8-35）。

图 8-34

图 8-35

6）干燥：最后放在阴凉平整的地方等待作品晾干（图 8-36）。

图 8-36

作品效果图如图 8-37 所示。

图 8-37

单元三　香草自然研学

香草的英文是 herb，源于拉丁文 herba，是绿色草本植物的意思。欧美人士将具有香味及保健功能或药效的植物统称为香草或药草。凡是草本及木本植物的根、茎、叶、花朵、果实、树皮或种子，具有特殊香味或所含成分可供药用、食品、料理、饮料、香水或美容的植物，都称为香草。近年来，西方香草在我国受到了不少年轻人的关注与追捧，它们既是餐食时尚界的宠儿，又是美容院和园艺界的明星，俨然成为一种追求品质生活的象征和体现生活态度的标志。与此同时，东方的香草植物却像隐士般低调，资料或媒体上少有关于它们的报道，其实东方也有特色香草，而且充斥在人们的生活中或云南少数民族的饮食中。在开发研学项目的今天，不少团队秉承"创享芬芳浪漫的生活"的经营理念，以"打造芳香环境，实现生活飘香"为企业使命，坚持"挖掘、传承、弘扬、研究、开发、展示香草文化"的发展方向。

任务：认识草本植物。尝试用香草材料进行纯露萃取和精油提炼，制作成美妆产品——薰衣草纯露。

纯露是指精油在蒸馏萃取过程中留下来的液体，是精油的一种副产品。薰衣草精油在蒸馏的过程中，油水会分离，但是，在蒸馏后的精油中，还会留下一些水分，因为密度不同，精油会漂浮在上面，水分会沉淀在下面，这些水分就叫作"薰衣草纯露"（图 8-38）。

薰衣草纯露具有平衡调整肌肤油脂分泌功效，对于油性皮肤非常适合。在洁肤后，它可以代替爽肤水，也可以促进细胞再生，达到预防暗疮和淡化暗疮印的功效，还可以改善脆弱、疲劳的肌肤，在家也可以当作花露水使用，治疗蚊虫叮咬。

图 8-38

利用价值：薰衣草纯露是人们较为熟知的香草品种之一。其香味特殊，能制造香水、香皂、化妆品等，可使人放松心情，达到舒缓情绪及安眠的效果，它的花是做饼干及泡茶最好的材料。薰衣草可以盆栽观赏，放在室内熏香，驱除蚊蝇等，净化居室；还可以将烘干的叶、茎、根、花等缝制睡枕、香包等，其香味对舒缓精神紧张、偏头痛、风寒感冒、失眠等都有一定的疗效。

1. 材料准备

主要材料：薰衣草干花（图 8-39）、蒸馏水适量。

所需工具：纯露机 1 台、纱布口袋 1 个、隔水架 1 个。

2. 制作步骤

（1）取出适量薰衣草放入量杯内，选择品质好的薰衣草，挑去花、梗、叶子等杂质。

（2）然后倒入花的 2 倍体积的蒸馏水，蒸馏水可以选择屈臣氏品牌的蒸馏水或用纯露机蒸馏出来。

（3）倒入纯露机桶内。

（4）对使用的纯露机蒸馏消毒。

（5）在蒸馏前底部要垫好隔垫。

（6）有些纯露机底部自带隔垫就不必再加了，将纱布包放在上面，盖好盖子，接通电源。

（7）用试纸测试 pH 值，为 5～7。

（8）静置一段时间，放凉后，装入瓶子。

图 8-39

薰衣草纯露的制作步骤如图 8-40 所示。

图 8-40

美育生活 劳动创造——劳动实践教育手册

单元四　厦门漆线雕

作为国家非物质文化遗产的厦门漆线雕，是闽南地区独具特色的传统工艺，其在内容和形式上都具有独特性，具有作为课程开发资源的潜质。将漆线雕作为劳动与传统文化课程的资源进行开发与应用，建设具有鲜明地方手工艺特色的课程文化，不仅可以丰富课程内容，提高教学效果，培养学生的核心素养，同时，有利于促进学生、教师、学校及地方文化的一体化发展和良性循环，有利于促进劳动与传统文化课程"重视体验，回归生活"教学策略的实施，有利于提高学校课程资源的品质和促进教师的专业发展，有利于引导学生发现闽南的地方特色，树立本土文化意识。

漆线雕课程有利于落实立德树人的根本任务。通过以美育人，引导学生以自主、合作、探究的方式参与劳动和传统文化学习，学会在现实生活情境中发现问题和分析问题，并且综合运用美术学科及跨学科知识与技能解决问题。增强学生的社会责任感，形成必备的图像识读、美术表现、审美判断、创意实践和文化理解等美术学科核心素养。

漆线雕课程有利于非物质文化遗产的传承保护与创新。漆线雕作为闽南地区独有的优秀传统手工艺，面临着传承与创新的问题，目前年轻艺人的技艺已远不如过去的艺人扎实。学校虽然不能系统教授漆线雕工艺的全部技艺，但可以使学生通过接触与学习漆线雕，培养对其的兴趣，从而发现和培养传承人，促进厦门漆线雕的传承与发展。

任务1：我们身边的艺术——走进漆线雕

在厦门，漆线雕是最具代表性的工艺品，它是厦门所特有的。从而明确课题为我们身边的艺术——走进漆线雕。

一、源远流长的漆艺

中华民族悠悠几千年的历史，在世间留下了无数的瑰宝，漆工艺是古老华夏文化宝库中一颗璀璨夺目的明珠。

我国很早就使用漆器（图8-41），距今已有7 000多年历史，从新石器时代的朱漆木碗、漆绘陶器，发展至战国和汉代，漆工艺有了很大的发展，应用范围十分广泛。

图 8-41

二、说《漆》

生漆是我国特产,俗称"国漆",被誉为"国宝",并以"涂料之王"驰名天下。我国生漆产量占世界总产量的 85% 以上。

"漆""桼"两字通用,"桼"为象形文字,上为木、下为水,中间左右各一撇,表示插入树干之竹片,漆液如水由竹片导出,是漆树上分泌的树脂。古人有"百里千刀一两漆""滴漆入土千年不腐"之说,可见漆之珍贵。自 1978 年在浙江余姚河姆渡新石器文化遗址发掘出"髹漆碗",使传统漆艺被视为中国七千年文明史的唯一标志。

漆树是一种多用途的经济林木,木材坚硬耐腐,用途广泛。漆树除割漆外,其漆籽、漆叶都可以综合利用,经济价格很高。生漆的应用技术是古代中国的一项重要发明,漆液经处理,饰涂在物体表面,在温度、湿度及其他环境因子的作用下,就会形成一层高聚膜,利用该特征可制作漆器制品。

三、漆线雕制作流程

漆线雕以天然植物大漆为主材,通过盘、缠、堆、绕、刻、镂等数 10 道工艺表现技法制作而成。基本制作流程:设计造型;做出底板或底胎;勾画轮廓;制作漆泥;堆漆定型;保养;搓线(线可粗、可细,细则如发丝);保养;漆线装饰;髹漆;贴金;色调修饰;描漆。

因用材特殊,工序繁多,工艺的全过程均为手工制作,故生产周期较长,完成一件作品需耗时数月,甚至数载不等。漆线雕的包容性极广,在木胎、竹胎、皮胎、金属、玉石、陶器等底胎上均可制作;装饰性较强,能个性化服务,满足各界人士的审美需求(图 8-42)。

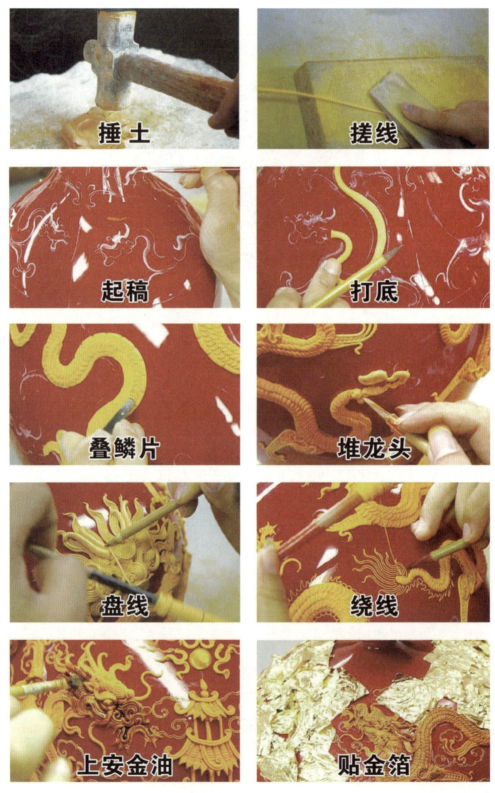

图 8-42

任务 2：线的乐趣

本任务属于劳动与传统文化学习课程中的工艺课，主要教授学生学会搓制漆线，但课堂一开始就教授漆线的制作会略显突兀，学生也会感到乏味枯燥。所以，通过让学生欣赏线条的美导入课程，使学生了解线条是美术的基本语言元素之一，再由此引出漆线雕的漆线之美，进而演示漆线的搓制方法，让学生练习制作（图 8-43）。

工具：漆线搓制工具、漆线土。

图 8-43

任务 3：以线饰美——制作漆线雕作品

一、盘线

1. 教学重点
设计纹样图案，学习盘线。
2. 教学难点
怎样让学生设计出富有创意和美观的纹样或图案。

3. 教具与学具

教具：多媒体教学设备、PPT课件、漆线土、搓制漆线工具、瓷盘。

学具：铅笔、橡皮、白纸。

4. 教学过程

小组分工、粉本拓印、搓线、盘线、完成作品（图8-44）。

采用小组合作的方式，学生在进行商讨与分工后各司其职，在交流与合作中共同完成作品的制作。

图8-44

二、制作漆线雕作品

1. 设计思路

本任务是使学生充分展示学习成果。经过前一阶段的学习和制作，学生有了自己的经验和方法，通过小组合作的方式进行分工和制作，最终完成作品。

2. 教学重点

正确评价自己的作品和他人的作品，总结制作经验。

3. 教学难点

学生小组如何合理地进行分工；如何保证每位学生认真地完成作业；在制作过程中遇到的困难及解决方案。

4. 学具

上节课的设计稿、漆线雕载体、漆线土、漆线搓制工具、盘线工具、复写纸、铅笔。

5. 教学过程

教学过程如图 8-45 所示。

图 8-45

单元五　闽南剪瓷雕

"屋顶有戏出"是闽南地区广为流传的俗语，这里的"戏出"指的就是闽南地区的传统建筑装饰剪瓷雕。剪瓷雕是闽南地区传统建筑的文化符号，是闽南地区传统民间艺术的有形载体，承载着闽南地区特有的历史文化、宗教信仰、风俗习惯及审美趣味等内容，它是闽南地区劳动人民思想情感的反映和劳动智慧的结晶。

剪瓷雕是以颜色鲜艳的瓷碗作为原材料，利用灰匙和钳子敲剪出形状各异的瓷片，在坯体上使用平雕、叠雕、浮雕、圆雕等技法，拼贴出人物、花鸟、走兽、水族及山水等造型，用于民居、祠堂及寺庙的屋顶和墙面装饰。由于地域之间的文化差异，不同地区的语言在发音轻重和用词习惯方面皆有不同，因此，剪瓷雕在各地区也存在不同的命名，闽南地区俗称为"剪瓷雕""剪碗"；潮汕地区将其称为"嵌瓷""瓷嵌""贴饶"或"扣饶"等；

中国台湾地区则称其为"剪花""剪粘""堆花"等。《东山县志》中对剪瓷雕的描述是"剪瓷雕，是东山民间泥水匠用泥灰雕塑造型成坯，再选用彩釉瓷碗瓷盘碎片，按造型（构图）需要剪成形状适宜的瓷片，逐片粘贴在泥坯上，成剪瓷雕品。"

任务1：了解传统剪瓷雕制作流程，创新传统剪瓷雕的艺术形式

闽南剪瓷雕的制作步骤如下：

1. 图稿设计

图稿设计是剪瓷雕艺人对题材内容的造型图。设计图尺寸是根据建筑物的整体规格、制式和位置来确定的，然后要根据业主的要求、建筑物的功能、地理环境、五行匹配等相关条件而确定设计图的内容。设计图稿有一些是前辈艺人传下来的，有一些是艺人自己专门设计的，手艺熟练的艺人有时会省略设计图稿这一步，直接在墙上画些简单的图形或直接塑型（图8-46）。

图 8-46

2. 灰浆调制

制作剪瓷雕坯体的材料主要有各式的灰浆、瓦片、砖块、瓦筒和各种不同规格的金属钢丝、钉子。剪瓷雕工艺对各式灰浆的制作要求非常严格，制作过程中不是将一种灰浆一用到底，而是不同的部分要使用不同的灰浆来制坯。主要的灰浆类型包括灰泥、草筋灰浆、大白灰浆、二白灰浆、头面灰浆、糖浆、灰膏泥。其中，草筋灰浆的制作工序比较辛苦和烦琐，需将稻草或麻皮浸水几天至十几天，浸泡熟烂后用棒槌捶打至糜烂（直至有一定的黏度和韧度），这道工序不能急敲快打，要缓慢捶打才能配制出合格的草筋浆。然后按1∶1的比例将草筋与贝灰砂浆混合，再继续捶打至质量均匀、色调一致。

3. 塑造坯体

塑造坯体又称作打坯，目的是制作剪瓷雕的大致形体，为粘贴的瓷片提供支撑。运用的主要技法与传统雕塑相同。

（1）使用工具。整体塑型以大小不等、平底勺形状的铁制灰匙为主，以灰匙将灰泥逐层粘上，制作坯体雏形，修饰造型时使用铁制雕塑刀刻画细节。

（2）使用材料。传统塑坯步骤使用的主要材料为蛎灰、红糖水、麻丝等材料混合制成的灰泥，闽南当地称其为糖水麻丝灰。中国传统建筑多以石灰作为建筑材料，沿海地区因石灰资源匮乏，常以蛎灰替代石灰。蛎灰即牡蛎壳灰，同石灰性质类同，属气硬性胶凝材料，用途广泛。在建筑中，能够"固舟缝""砌墙石""垩墙壁"等。剪瓷雕艺人购买到大牡蛎后，

将牡蛎去肉与煤饼堆叠在一起煅烧，煅烧后磨碎，筛出不同粗细的蛎灰之后，将蛎灰与红糖水、捣烂的麻丝混合制备成灰泥。塑坯时运用灰塑技法先粗略地塑出大致形体，对人物头、手、皮肤等需要细致刻画的部位，则附上较为细腻的灰泥进行塑造（图8-47）。

图8-47

4. 敲剪瓷片

敲剪瓷片，俗称"剪饶"。熟练的工匠通常会用钳子敲击或往硬地一甩，依据裂开瓷片的形状用钳子加工剪"饶"，这些大小不同、颜色各异的瓷片必须还要经过修整、磨边，才能成为合适的饶片。现代的瓷料一般是选取精薄的素色瓷器，如盘、碗、碟（有一定形状的瓷器因本身带有弧度，所以，瓷片的剪取正好利用了这个弧度，使瓷片造型显得线条丰富）等。剪瓷雕艺人会根据建筑物的嵌瓷内容、题材的形式、造型的需要来选择不同颜色的瓷器进行敲剪。嵌瓷用的瓷片有些形状是通用的，要求大致相同，剪瓷雕艺人通常会在工厂里提前敲剪好，部分特殊的形状如花瓣、羽毛、人物的刀枪剑戟等，可以根据需要在粘贴时再修整或制作（图8-48）。

图8-48

5. 镶嵌瓷片

镶嵌瓷片是剪瓷雕最为关键的一道工序。剪瓷雕艺人必须具备一定的色彩基础和造型能力，作品的精致与否、水准和档次都取决于这道工序。剪瓷雕的坯体所用的材料、塑造的技法与灰塑相同，坯体塑造技法也与灰塑相近。剪瓷雕艺人使用平雕、叠雕、浮雕及圆雕的工艺技法，对瓷片进行排列组合，对造型的外轮廓进行塑造。这种结构轮廓的"实"和瓷片的"虚"变动呼应，一"前"一"后"、一"隐"一"现"，疏密相间，大小不一，高低错落。千变万化的具象、抽象、意象的肌理给人们一种天然质朴的丰富自然美感和空间感。整个艺术触觉和视觉肌理在多样化的基础上达到"致广大""尽精微"的艺术效果，呈现巨大震撼力，让人流连忘返。剪瓷雕艺人也会根据题材内容选用不同的工艺技法。正脊的卷草装饰，剪瓷雕艺人会采用平雕的工艺技法，在纹饰中营造出开裂的肌理美；花鸟、走兽，则采用叠雕的工艺技法，从而使动物的羽毛展现出层次分明、形态逼真的特征；人物，则采用圆雕的工艺技法，从而塑造出造型生动、神态各异的人物形象（图 8-49）。

图 8-49

6. 综合调整

完成剪瓷雕的工序后，艺人要从整体构图、设色、层次、疏密、动态、造型等各个角度去斟酌作品，该增该减反复调整，使作品达到栩栩如生、惟妙惟肖的视觉效果。如果是作为观赏的摆件、壁挂、室内装饰的嵌瓷，必须还要在工艺上做到更加细致，有些工艺品还要加以贴金、描银、钩线，有的还用玻璃珠、胶片点缀，使作品看起来更加晶莹剔透。有些作品根据造型的需要如脸部、手和背景等局部图样仍保留灰塑形式，用粉彩工艺进行勾画、加彩。

任务 2：创新剪瓷雕的形式与载体，拓展剪瓷雕的应用领域

学生创作出新颖的剪瓷雕作品，并互相交流和评价。教师可以根据作品的质量、表现力、创意等方面进行评价和点评，鼓励学生发扬自己的创造力和艺术才能。学生对剪瓷雕的艺术表现形式进行不断创新实践，使剪瓷雕艺术走出传统、走下房顶、走入现代、走进生活（图 8-50、图 8-51）。

模块八　拓展实操

图 8-50

图 8-51

单元六　惠安影雕

一、惠安影雕简介

闽南石雕历史悠久，自宋元以来，随着中原石刻文化的南迁而逐渐形成具有地域特色的石雕艺术。影雕作为闽南石雕艺术的重要组成部分，最早可以追溯到汉代洛阳、南阳等地区的画像石，明清时期，影雕工艺的特点渐渐凸显出来。据《惠安县志》等史志记载，以及《闽南建筑》《惠安石雕》等后人研究成果表明，影雕作为石雕艺术的一个门类，乃惠安籍石雕大师李周于清代首创用金钢针在石头上雕琢"针黑白"的工艺，这种将绘画艺术融入石雕而发展起来的独特石雕工艺，因其雕刻的艺术形象逼真，犹如摄影，故称为影雕，这项工艺如今在惠安已成为雕艺产业的重要分支。惠安影雕作为惠安雕艺的一部分，于 2006 年被列为首批中国国家级非物质文化遗产，成为见证我国优秀传统文化的重

133

要载体。

影雕大多采用闽南青斗石、新疆或内蒙古的黑胆石（图8-52）为材料，原石经开采后，切割成相应的厚度，再经水磨抛光，然后在石板上描绘出图像的轮廓，采用特制的钢钎（图8-53）以"点"的形式敲打出疏密不同、深浅不一、形象逼真的图案。工艺有选图、选择石板种类、选择石板长度和宽度与厚度、水磨抛光、留边框、架石板、绘图、雕刻（包括起形、修复、做字、刻背景、修复背景、修边）等步骤，然后着色、装裱包装。

图8-52

图8-53

影雕不怕风吹雨淋，不褪色、不变形，可永久收存，表现题材广泛，有较高的历史、文化、审美和经济价值，深受人们的喜爱，不少影雕作品先后被外交部选为贵重的外交礼品，并多次参加日本、新加坡、加拿大和德国等地展览，被誉为"不朽的艺术"。从建筑园林装饰、室外大型雕塑到室内摆设观赏品等，用途非常广泛，富有浓郁的生活气息，具有较高的艺术欣赏价值。影雕雕刻手法多样，大致分为手工雕刻法、激光雕刻法、电动手工结合法、喷砂雕刻法等。本书主要讲的是代表中国优秀传统文化的纯手工影雕。

二、惠安影雕的实践教育价值

惠安影雕表现题材丰富，承载着厚重的文化内涵和艺术底蕴，散发着具有独特地域色彩的民族文化气息，因其具有独特的文化价值、审美价值、德育价值，能促使学生形成正确的人生观、审美观和世界观，因此，将其融入中高本一体化的美术、劳动、传统文化教育课堂。开发影雕校本课程，将有利于优秀传统文化的传承发展，有利于学生的全面发展。

1. 惠安影雕的文化价值

惠安影雕来源于惠安石雕的传统技艺，并实现了创造性转化、创造性发展，是惠安石雕中最具特色的一种雕刻形式。在工艺上，它借鉴了摄影技术成像的原理，利用网点大小、疏密的排列，将绘画和雕刻很好地结合在一起，不但画面传神细腻，并且独具神韵，为石雕工艺生产开辟了新的道路。传统工艺总是处在创新与传承的十字路口，技艺的传承应该与创新同步。这种创新是保存原有技艺精髓，同时融入时代印记的，毕竟现在的时代和过去已经大不相同了。大理石用方錾子，花岗石用尖錾子，山东錾子甚至是四方形。不同地域有不同特点，是可以交流的。如今，惠安影雕已不拘泥于传统的黑白影雕，同时在向彩色影雕发展，小版面向大版面进军。经过近些年的探索创新，影雕研发出影雕镇尺及影雕壁画等系列，现在的影雕广泛应用于家居、宾馆、庙宇壁画装饰、造像写真、案头摆设、纪念礼品，不仅是装饰工艺、馈赠佳品，更是具有很高艺术欣赏价值的美术收藏品。影雕作品的类别和题材越来越贴近大众的生活，注重传统与现代元素的结合，进而使其传播得更广，走得更远。优秀的传统文化要努力实现创造性转化、创新性发展，与现实文化相融相通。这种源自传统的创新，使其具有一定的文化价值，将其引入校本课程，具有一定的教育意义。

2. 惠安影雕的审美价值

惠安影雕在工艺上属雕塑的范畴，但与圆雕、镂空雕、浮雕又体现出很大的不同，它用特殊的雕刻技艺将南派石雕精巧纤细的艺术特征发挥得淋漓尽致。首先，表现在雕刻技法的不同。我们认识到的雕塑大多是用凿子或其他工具将木石、金属或其他材料雕、刻、塑成具有一定空间的可视、可触的艺术形象。惠安影雕作画以针代笔，层层细雕，凿点成面。例如，影雕第十六代代表性传承人李亚华女士的封刀之作《十二金钗》，就是靠一根特制的钢钎，花费一年的时间在黑色石材上敲打出疏密不一、精细、深浅不同的12亿个点，根据黑白明暗成像原理得以完成，作品还原了《红楼梦》中十二金钗的闺房生活，几人闲厅对弈，几人吟诗赏画，几人孤芳自赏，充满生活情趣。其次，表现力更为丰富。惠安影雕可表现的图案包罗万象，可入画者均可为题材，有神话故事类、历史人物类、卡通人物类、动物类、宗教类、自然风光类、传统建筑类等（图8-54～图8-56）。它能使祖国的名山大川，世界珍闻异事，尽现在这小小的石画面上，具有强烈的绘画性。绘画性使它与传统圆雕相比具有更多的叙事性，能更好地发挥其在题材、构成和空间处理等方面的优势，表现传统的圆雕所不擅长的一些内容和对象，例如，可以将事件和人物置身于复杂的背景与环境中，表现如戏剧电影般的情节发展、变化及转折，灵动自由地进行视角的切换，甚至可以穿越时空，将事物进行错位、穿插和重叠等。最后，惠安影雕具有特殊的审美效果。远看惠安影雕仅仅是一幅逼真的黑白对调的影像，近看影雕却是由数以亿计、大小不同、深浅不同的点构成，这种朦胧与模糊的对比、点与面的对比，正是由影雕创作过程中的节奏决定的。点的分布排列产生了不同的明暗和体积，表现出丰富多样的图形图案，这种技艺让影雕有别于其他的雕刻工艺，发挥其特殊的魅力，这种特征又体现为其手段的单一性和艺术观念的开放性。采用一根普通金刚锥，经过人力锤击敲打，击破石材表面使其出现一点点的圆形小凹槽，控制好点的疏密关系、深浅力度，根据连点成线、连线成面的原理，使画面的明暗、层次结构得以体现，达到"唯美至真"的摄影效果，既能体现西方古典造型艺术的绘画性，又能再现国画写意之韵，具有丰富的审美价值。

图 8-54

图 8-55

图 8-56

3. 惠安影雕的德育价值

金砖会晤期间，习近平多次赞扬闽南人爱拼敢赢、锐意进取的精神，这种精神在影雕艺人身上体现得淋漓尽致。影雕作为一种优秀的传统文化，真正的价值不在外表，而在其手工技艺。影雕艺人们坚守影雕手工技艺，捍卫其艺术灵魂，是值得我们尊敬的。惠安影雕发展到今天，所有的雕艺师几乎都是惠安女。惠安影雕能在短短几十年发展迅速，跟惠女精神是息息相关的。影雕在雕制过程中不允许出错，对"腕力"与"眼力"有着非常严苛的要求，尤以雕制肖像最难，影雕艺人从学习到出师，需要3～6年的时间，3年绘画，3年雕刻。影雕制作的过程包括取材、绘图、初雕、精雕、上色等步骤。影雕要求作品细腻逼真，因此，初稿必须非常精准，初雕是用大号的钢钎，将已经拓好的图案轮廓和整体的明暗关系先雕凿出来，初雕完成后，整幅图案就有了一定的明暗和体积关系，接下来再加以精雕。精雕需要雕凿出图案的精细层次，并对图案的一些细节加以修饰，使整个影雕作品更加细腻逼真。完成一幅作品往往需要一年、几年甚至更长的时间，这种技艺并不是人人都能沉下心来完成的。影雕从艺者惠安女勤劳、朴实、勇敢、锲而不舍的精神蕴含在她们每幅作品中，她们几十年如一日地追求着职业和技能的极致化，对自己的作品精雕细琢，精益求精，靠着传承和钻研，凭着专注和坚守，缔造了一个又一个的工匠精神传奇。这种艰苦奋斗、尊重科学、无私奉献、拼搏创业的精神是中华民族的优秀传统和宝贵财富，是学生学习的榜样，有助于学生形成良好的情感态度价值观，因此，将惠安影雕资源引入校本课程，具有一定的德育价值。

任务1：探索影雕之旅

在"欣赏·评述"领域，让学生从题材、形式、色彩等几个方面对3～5个影雕作品进行赏析，了解影雕与文化、历史、生活的联系，能够结合历史和文化背景对影雕作品进行艺术解读，以此提高学生对影雕的学习兴趣，进而提高学生的图像识读、审美判断等核心素养。

1. 教学重点

引导学生参观了解影雕作品，培养初步的审美判断能力与欣赏评述能力，能够在广泛的文化情境中认识美术，培养主动探究的能力。

2. 教学难点

引导学生从影雕的艺术审美及与生活、历史、文化关系的角度用美术语言大胆抒发、表述对于不同影雕作品的艺术观点和感受。

惠安石雕是中国福建省的传统雕刻技艺之一，作为中国优秀传统文化，经历一千多年的发展，依然留存着非常纯粹的中国艺术传统，保持着完整的延续性，至今基本未被外来文化异化，具有强烈的民族特征。影雕技艺作为惠安雕艺的一部分于2006年被列为首批中国国家级非物质文化遗产，成为见证我国优秀传统文化的重要载体。影雕技艺由南派石雕大师首创，图8-57所示的惠和石文化园正是由影雕第五代传承人李走生先生所创办。

图8-57

惠安县惠东半岛海边的一群特殊的民间风情女性，她们以奇特的服饰，勤劳的精神闻名海内外。惠女发展到今天，已经成为一种精神的象征、文化的象征。惠安影雕发展到今天，从事影雕创作的艺师几乎都是惠安女。所以，画面还给人们传达了一种勤劳勇敢可以使生活幸福美好的精神。因此，影雕流传到今天，也是一种文化的象征和继承（图 8-58～图 8-62）。

图 8-58

图 8-59　　　　　　　　　　图 8-60

模块八　拓展实操

图 8-61

图 8-62

任务 2：非遗影雕进校园

引导学生观察认识影雕独特的雕刻技法和特殊的表现效果，学会运用对称、均衡、重复、节奏、对比、变化、统一等形式与点刻结合的手法进行影雕的创作，培养学生的想象力和创新意识。

1. 教学重点

引导学生学习掌握影雕的相关知识，掌握影雕的创作方法，增进学生的实践能力。

2. 教学难点

鼓励学生尝试用不同种材料进行影雕作品的创作（图 8-63 ～ 图 8-65）。

图 8-63

图 8-64

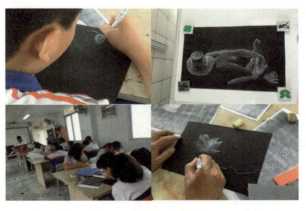

图 8-65

附 录

附录1：劳动素养知识题库（答案）

一、单选题

1. 劳动教育具有的特征是（　　）。
   A. 创造性、实践性、时代性　　　　B. 思想性、实践性、社会性
   C. 主体性、时代性、实践性　　　　D. 主体性、思想性、创造性
2. 在大中小学设立劳动教育必修课程，本科阶段不少于（　　）学时，职业院校不少于（　　）学时。
   A. 16；16　　　B. 20；20　　　C. 32；16　　　D. 40；20
3. 劳动教育评价不包括（　　）。
   A. 平时表现评价
   B. 学段综合评价
   C. 过程性评价
   D. 开展学生劳动素养监测

二、多选题

1. 劳动教育的关键环节包括（　　）。
   A. 讲解说明　　　　　　　B. 淬炼操作
   C. 项目实践　　　　　　　D. 反思交流
   E. 榜样激励
2. 大中小学每学年设立劳动周，采用（　　）等形式进行。
   A. 专题讲座　　　　　　　B. 主题教育
   C. 劳动技能竞赛　　　　　D. 劳动成果展示
   E. 劳动项目实践

三、简答题

1. 劳动教育的基本理念和总体目标是什么？
2. 高等学校劳动教育的主要内容是什么？
3. 辅导员如何开展劳动教育？

141

参考答案

一、单选题

1～3 B C C

二、多选题

1.ABCDE

2.ACDE

三、简答题（简答题只给出要点，其他内容可以自行写1～2句）

1.劳动教育的基本理念和总体目标是什么？

答：劳动教育的基本理念：

（1）强化劳动观念，弘扬劳动精神。

（2）强调身心参与，注重手脑并用。

（3）继承优良传统，彰显时代特征。

（4）发挥主体作用，激发创新创造。

劳动教育的总体目标：

准确把握社会主义建设者和接班人的劳动精神面貌、劳动价值取向和劳动技能水平的培养要求，全面提高学生劳动素养，使学生：

（1）树立正确的劳动观念。

（2）具有必备的劳动能力。

（3）培育积极的劳动精神。

（4）养成良好的劳动习惯和品质。

2.高等学校劳动教育的主要内容是什么？

强化马克思主义劳动观教育，注重围绕创新创业，结合学科专业开展生产劳动和服务性劳动，积累职业经验，培育创造性劳动能力和诚实守信的合法劳动意识。使学生：

（1）掌握通用劳动科学知识，深刻理解马克思主义劳动观和社会主义劳动关系，树立正确的择业就业创业观，具有到艰苦地区和行业工作的奋斗精神。

（2）巩固良好日常生活劳动习惯，自觉做好宿舍卫生保洁，独立处理个人生活事务，积极参加勤工助学活动，提高劳动自立自强能力。

（3）强化服务性劳动，自觉参与教室、食堂、校园场所的卫生保洁、绿化美化和管理服务等，结合"三支一扶"、大学生志愿服务西部计划、"青年红色筑梦之旅""三下乡"等社会实践活动开展服务性劳动，强化公共服务意识和面对重大疫情、灾害等危机主动作为的奉献精神。

（4）重视生产劳动锻炼，积极参加实习实训、专业服务和创新创业活动，重视新知识、新技术、新工艺、新方法的运用，提高在生产实践中发现问题和创造性解决问题的能力，在动手实践的过程中创造有价值的物化劳动成果。

3.辅导员如何开展劳动教育？（此题作为一个论述题，只有一个比较详细的参考答案，没有唯一的答案）

劳动教育是发挥劳动的育人功能，对学生进行热爱劳动、热爱劳动人民教育的活动，直接决定社会主义建设者和接班人的劳动精神面貌、劳动价值取向和劳动技能水平。（是什么和作用）

近年来一些青少年中出现了不珍惜劳动成果、不想劳动、不会劳动的现象，劳动的独特育人价值在一定程度上被忽视，劳动教育正被淡化、弱化和异化。必须高度重视，并采取措施，改变此种现状。（目前的问题）

作为大学生思想政治工作和管理工作的组织者、实施者、指导者，辅导员应当将劳动教育纳入人才培养全过程，丰富、拓展劳动教育实施途径，具体可以按以下几点开展劳动教育。（回答逻辑：做法+效果）

（1）在学科专业中有机渗透劳动教育。要将劳动教育有机纳入专业教育、创新创业教育，不断深化产教融合，强化劳动锻炼要求，加强高等学校与行业骨干企业、高新企业、中小微企业紧密协同，重视新知识、新技术、新工艺、新方法的运用，提高学生在生产实践中发现问题和创造性解决问题的能力，在动手实践的过程中创造有价值的物化劳动成果。加强马克思主义劳动观教育，引导学生牢固树立劳动最光荣、劳动最崇高、劳动最伟大、劳动最美丽的思想观念。

（2）在校园文化建设中强化劳动文化。将劳动习惯、劳动品质的养成教育融入校园文化建设中。要通过制定劳动公约、每日劳动常规、学期劳动任务单，采取与劳动教育有关的兴趣小组、社团等组织形式，结合植树节、学雷锋纪念日、五一劳动节等，开展丰富的劳动主题教育，营造劳动光荣、创造伟大的校园文化。

要举办"劳模大讲堂""大国工匠进校园"、优秀毕业生报告会等劳动榜样人物进校园活动，组织劳动技能和劳动成果展示，综合运用讲座、宣传栏、新媒体等，广泛宣传劳动榜样人物事迹，特别是身边的普通劳动者事迹，让师生在校园中近距离接触劳动模范，聆听劳模故事，观摩精湛技艺，感受并领悟勤勉敬业的劳动精神，争做新时代的奋斗者。

（3）在课外校外活动中安排劳动实践。通过采用专题讲座、主题演讲、劳动技能竞赛、劳动成果展示、劳动项目实践等形式，将劳动教育与学生的个人生活、校园生活和社会生活有机结合起来，丰富劳动体验，提高劳动能力，深化对劳动价值的理解。引导学生发展和巩固良好日常生活劳动习惯，自觉参与教室、食堂、校园场所的卫生保洁、绿化美化和管理服务等，积极参加勤工助学活动，提高劳动自立自强能力，开展服务性劳动，强化公共服务意识和面对重大疫情、灾害等危机主动作为的奉献精神。

附录2：劳动安全教育试题（答案）

一、选择题

1.安全生产法规定是指国家关于改善劳动条件，实现安全生产保护劳动者（C）的安全和健康而采取的各种措施的总和。

  A.入场以后   B.在8h以内   C.在生产过程中

2. "加强劳动保护，改善劳动条件"是我国宪法为保护劳动者在生产过程中的（B）而制定的原则。

  A. 安全   B. 安全与健康   C. 生活和福利

3. （C）是我们国家的安全生产方针。

  A. 安全保证生产，生产必须安全   B. 安全第一，质量第一

  C. 安全第一，预防为主，综合治理

4. 从事特种作业的劳动者，必须经过（C），并取得特种作业资格。

  A. 身体检查   B. 重新登记   C. 专门培训

5. 施工现场的"三违"是指：违章指挥、违章作业、（C）。70%以上的事故是由于"三违"造成的。

  A. 违反操作规程   B. 违反有关规定   C. 违反劳动纪律

6. 《中华人民共和国建筑法》规定：作业人员对（C）的行为有权提出批评、有权检举和控告。

  A. 违反操作规程   B. 影响安全生产

  C. 危及生命安全和人身健康

7. 高处坠落、触电、物体打击、机械伤害和（A）五类伤亡事故为建筑业常发生的事故。

  A. 坍塌   B. 烧伤   C. 食物中毒

8. 新进场的劳动者必须经过"三级"安全教育，即公司教育、（C）、班组教育。

  A. 技术教育   B. 专业教育   C. 项目教育

9. 转换工作岗位和离岗后重新上岗人员，必须（C）才允许上岗工作。

  A. 经过登记手续   B. 经过领导同意   C. 重新经过安全生产教育

10. 国务院发布第174号令，从1995年5月1日起施行每日工作8 h、每周工作（A）h的工作制度。

  A. 40   B. 48   C. 72

11. 对未成年工不得安排从事特别繁重的体力劳动，禁止加班加点工作，未成年工是指年满（B）、未满18周岁的劳动者。

  A. 15周岁   B. 16周岁   C. 17周岁

12. 正确佩戴安全帽必须注意两点：一是帽衬与帽壳应有一定间隙不能紧贴；二是（B）。

  A. 应把安全帽戴正   B. 必须系紧下颚带

  C. 不能坐在安全帽上

13. 正确使用安全带，是要求不准将安全绳打结使用，要把安全带挂在牢靠处和应（A）。

  A. 高挂底用   B. 底挂高用   C. 挂在与腰部同高处

14. 直接从事带电作业时，必须（B），防止发生触电。

  A. 有人监护   B. 穿绝缘鞋和戴绝缘手套

  C. 戴绝缘手套

15. 从事电焊、气焊作业的工人，必须（C）。

    A. 戴护目镜或面罩　　　　　　　　B. 穿绝缘鞋，戴护目镜或面罩

    C. 戴焊接专用手套，穿绝缘鞋，戴护目镜或面罩

16. 施工现场明火作业，操作前必须（C），并经现场有关部门批准。

    A. 经过培训　　　　B. 有人监护　　　　C. 办理用火证

17. 手持电动工具的插头不得随意拆除或改换，工具自带软线（A）使用。

    A. 不得接长　　　　B. 可以拆换　　　　C. 可以接长

18. 使用机械设备，作业完毕操作人员离开时，必须（B）。

    A. 对机械设备进行检查　　　　　　B. 拉断电闸

    C. 注意防雨措施

19. 开关箱内电器临时发生断线或熔丝断丝时（C）。

    A. 可以由班组人员自行接线

    B. 先接上线使用，再去找电工检查

    C. 不准自己接线，由电工查找原因后接线

20. 施工现场室内照明线路与灯具安装高度（A）。

    A. 低于 2.4 m 时应采用安全电压

    B. 低于 2.4 m 时应采用 36 V 安全电压

    C. 低于 2.2 m 时应采用 24 V 安全电压

二、简答题

1. 什么是工伤事故？

答：职工在劳动过程中（在本岗位劳动，但由于企业的设备和设施不安全，劳动条件和作业环境不良、管理不善，以及企业领导指派到企业外从事本企业活动）所发生的人身伤害和急性中毒事故。

2. 劳动安全工作应坚持的方针和原则是什么？

答：应坚持安全第一、预防为主的方针，管生产必须管安全的原则。

3. 什么是劳动保护？

答：劳动保护就是指保护劳动者在劳动生产过程中的安全健康。

4. 什么是安全第一？

答：安全第一的含义是指安全生产是全国一切经济部门和生产企业的头等大事。

5. 劳动法对从事特种作业的劳动者有什么特殊的要求？

答：从事特种作业的劳动者，必须经过专门培训并取得特种作业资格。

6. 什么是安全生产？

答：安全生产是指在劳动生产过程中，要努力改善条件，克服不安全因素，防止伤亡事故的发生，使劳动生产在保证劳动者安全健康和国家财产及人民生命财产安全的前提下顺利进行。

附录3：配套在线精品课程《创意生活——陶艺》题库

目录

概述

第一章　劳动素养

第二章　创意生活

第三章　陶艺创作技法

第四章　当代数字设计与项目设计策划

第五章　创新设计思维

第六章　创意设计是创业的顶层

第七章　创新创造——工匠精神的延伸

概　述

1. 章测试

（1）创意生活——陶艺是一门学习创意设计、体验工匠精神，专业教育与创新、创业教育融合，能适应跨学院，_____选修，加强学生人文素质、科学与艺术精神、创新意识和劳动实践能力的课程。（C）

　　A. 艺术类专业学生　　　　B. 设计类专业学生

　　C. 跨专业学生

（2）各专业都需要_____、创新、创业甚至跨专业的融合、合作。（B）

　　A. 融合　　　B. 创意　　　C. 跨专业

（3）设计是一种_____，设计能够创造价值，设计是创新创业的根本。（A）

　　A. 生产力　　　B. 创造成果　　　C. 创造奇迹

（4）本课程的性质是校企合作、创新创业、_____，双轨制的教学，造型老师技术老师共同教授，学生能够同时接受纯艺术和纯技术的教育。（B）

　　A. 艺术教育类　　B. 劳动教育类　　C. 专业教育类

2. 章讨论

材料、工具、设备怎么解决？

本课程是不提供材料设备，材料，设备的，工具都是要自己解决。如果材料工具设备全部自购这个费用就比较大，没有必要。这些年我们探索了一种方法叫双轨制教学，校企合作。同学可以从网上自己购买材料、工具，也可以团购。配合课程的企业会把设备、工具、材料等都送进课堂，这个费用就比较低，有效地解决了教学的难点。课程里我们会提醒，如果你选这个课，有些材料是要自费的。

3. 判断题

新时代价值导向是弘扬劳动光荣、技能宝贵、创造伟大的时代风尚。（A）

　　A. 对　　　　　B. 错

第一章 劳动素养

1. 章测试

（1）劳动课程的理念要坚持育人导向，着力培养学生的_____，构建以实践为主线的课程结构，加强与学生生活与社会实际的联系，倡导丰富多样的实践方式，注重综合评价，强化课程实施的安全保障。(C)

  A. 劳动观念　　　B. 劳动技能　　　C. 劳动素养

（2）依托实训实习参与真实的生产劳动和服务性劳动，增强职业认同感和劳动自豪感，提升创意物化能力，培育不断探索、精益求精、追求卓越的_____和爱岗敬业的劳动态度。(A)

  A. 工匠精神　　　B. 劳动精神　　　C. 劳模精神

（3）劳动习惯和品质的主要表现是能够自觉自愿、认真负责、安全规范、坚持不懈地参与劳动，珍惜劳动成果，积极劳动，_____，规范劳动等。(B)

  A. 认真劳动　　　B. 安全劳动　　　C. 主动劳动

（4）弘扬劳模精神，强调用劳模的先进思想、模范行动影响和带动全社会劳动精神，是劳动者劳动意识、_____、劳动态度、劳动习惯的集中展示。(A)

  A. 劳动理念　　　B. 劳动精神　　　C. 劳动技能

（5）劳动精神是劳模精神、工匠精神的_____，离开劳动创造，劳模精神和工匠精神是无源之水、无本之木。(C)

  A. 转化　　　　　B. 结果　　　　　C. 根基

2. 章讨论

（1）劳动课程的理念是什么？

要坚持育人导向，着力培养学生的劳动素养，构建以实践为主线的课程结构，加强与学生生活与社会实际的联系，倡导丰富多样的实践方式，注重综合评价，强化课程实施的安全保障。

（2）劳动观念主要体现有哪些？

劳动观念主要体现在能尊重劳动、尊重普通劳动者，了解不同职业劳动者的辛苦，理解"360行行行出状元"的道理，能够正确理解劳动对于家庭幸福、社会进步、国家富强和人类发展的意义，认识劳动创造人、创造价值、创造财富、创造美好生活的道理，崇尚劳动，牢固树立劳动最光荣、劳动最崇高、劳动最伟大、劳动最美丽的观念。

（3）劳动精神的主要表现有哪些？

劳动精神的主要表现是能够理解幸福是奋斗出来的内涵与意义，继承中华民族勤俭节约、敬业奉献的优良传统，弘扬开拓创新、砥砺奋进的时代精神，感受爱岗敬业、甘于奉献的劳模精神，培育百折不挠、艰苦奋斗的革命精神以及精益求精、追求卓越的工匠精神。

第二章 创意生活

1. 章测试

（1）创意思维是在现有的客观材料进行抽象概括的基础上，通过进一步_____，提出前人未提出的课题、解决前人未解决的问题的整个能动的思维过程。(C)

  A. 编辑   B. 加工优化   C. 想象推理   D. 综合运用

（2）灵感是人们借助直觉的启示而对问题得到突如其来的领悟或理解的一种_____。(D)

  A. 灵光再现   B. 创意   C. 结果   D. 思维方式

（3）组合就是创造，1+1>2 就是_____的精髓。(B)

  A. 灵感思维   B. 加法思维   C. 减法思维

（4）逆向思维就是把思维方向_____，用与原来对立的想法或者用表面上看来不可行的悖逆常规的方法，来解决问题的思维方式。(A)

  A. 逆转   B. 转变

（5）否定的创意思维是指通过对既有概念的_____，以摆脱思维惯性的影响，改变思路，得到新的问题切入点和更加宽泛的思维空间。(B)

  A. 转化   B. 否定

2. 章讨论

（1）创意是否能够创造价值？

创意是能够创造价值的。但是创意无法自动创造价值，要通过商业机会才能创造价值。

（2）创意思维的方法有哪些？

创意思维有这样几种，归纳起来为①灵感思维，②加法思维，③减法思维，④逆向思维，⑤否定思维等。

（3）创意的技术支撑有哪些？

创意的技术的支撑有多种多样，它有工匠精神的精益求精，有现代科技技术的手段，包括：视频、数字技术，3D 打印等。

3. 弹题

（1）说明：在讲解完创意产品设计时。

选择题：创意产品设计的特点是_____。(A)

  A. 新、奇、特   B. 奇、怪、新

（2）说明：在讲解完创意的技术支撑时。

选择题：创意思维提出_____的课题、解决前人未解决的问题。(B)

  A. 有人提出   B. 前人未提出   C. 有利于成本控制

（3）说明：在讲解完创意思维方法时。

选择题：创意的技术支撑包括_____各种技术方法。(C)

  A. 有人提出的   B. 前人未提出的   C. 传统的和现代的

（4）说明：在讲解完以创意在激烈竞争中取胜时。

选择题：在激烈竞争中取胜的方法有多种，依靠_____是最可取的方法。（A）

  A. 创意创新 B. 人脉关系 C. 物质金钱

（5）说明：在讲解完创意的训练作业与呈现材料之一陶时。

选择题：陶是能够用_____表现美好生活的创意。（B）

  A. 最常见的材料 B. 最原始的材料 C. 低成本的材料

4. 题库

判断题：

（1）"新"解释为新出现，同时也有"创新"的意思，表示创立和创造性的、前所未有的。（对）

（2）"奇"是罕见的、出人意料的、令人难以预测的意思。（对）

（3）"特"的解释则是特殊，不同于同类的事物或通常的情况。（对）

（4）"奇"是奇怪的、出人意料的、令人难以预测的意思。（错）

（5）灵感是人们借助直觉的启示而对问题得到突如其来的领悟或理解的一种思维方式。（对）

（6）否定的创意思维是指通过对既有概念的否定，以摆脱思维惯性的影响，改变思路，得到新的问题切入点和更加宽泛的思维空间。（对）

选择题：

（1）创意思维包括灵感思维、加法思维、减法思维、_____和否定思维。（B）

  A. 纵向思维 B. 逆向思维 C. 横向思维

（2）灵感是人们_____的启示而对问题得到突如其来的领悟或理解的一种思维方式。（A）

  A. 借助直觉 B. 逻辑思维

（3）否定的创意思维是指通过对既有概念的_____，以摆脱思维惯性的影响，改变思路，得到新的问题切入点和更加宽泛的思维空间。（B）

  A. 转化 B. 否定

第三章 陶艺创作技法

1. 章测试（客观题）

（1）从河北省阳原县泥河湾地区发现的旧石器时代晚期的陶片来看，中国陶器的产生距今已有（C）多年的悠久历史。

  A. 1 700 B. 17 000 C. 11 700 D. 117 000

（2）英语中的"CHINA"最初的意思是（D）。

  A. 华夏 B. 中华 C. 中国 D. 瓷器

（3）我国从（B）开始进行陶瓷出口。

  A. 隋朝 B. 唐朝 C. 宋朝 D. 明朝

（4）陶瓷的发展在（C）达到鼎盛。

  A. 唐代 B. 汉代 C. 宋代 D. 明代

（5）用泥条成型和泥板成型技法制作方形器皿的方法为（D）。
　　A.泥条盘筑法　　B.泥条拖甩法　　C.创意拖甩法　　D.滚压切割法
（6）泥条盘筑法制作的特点是（A）。
　　A.古朴、流畅、富于变化
　　B.单一、流畅、稳固性强
　　C.古朴、流畅、稳固性强
　　D.单一、流畅、富于变化
（7）在泥板成型的过程中准备泥条的作用是（C）。
　　A.对泥板进行二次塑型　　B.对泥板薄厚进行调整
　　C.使泥板接合处更牢固　　D.对泥板底部进行加固
（8）将捏塑成型法放在其他成型法前面的目的是（A）。
　　A.让初学者了解泥性、更简单易学
　　B.捏塑成型法是其他成型法的基础
　　C.捏塑成型法包含了其他成型法
　　D.捏塑成型法比其他成型法复杂
（9）最适合初学者学习的陶艺制作技法为（B）。
　　A.泥条盘筑成型法　　B.捏塑成型法
　　C.泥板成型法　　D.拉坯成型法
（10）将泥料揉成一个掌心大小的泥球，用左手托住泥料，右手大拇指往泥球中间按压进去，确定好茶器的（B）。
　　A.宽度　　B.深度　　C.边缘厚度　　D.杯底厚度

2. 章节题目（多选）

（1）以泥条盘筑法创作的作品特点是（ACD）。
　　A.古朴　　B.粗糙　　C.流畅　　D.富于变化
（2）当器壁不平或者器型垮塌时应如何处理？（AC）
　　A.捏塑时手指应向外上用力，把作品的各个部位捏制成同等薄厚，再慢慢将其捏到满意的厚度
　　B.用新的泥料填补垮塌部分
　　C.当泥料太湿、器皿不断向下垮塌时，可以借助吹风机将器皿内外壁稍微吹干一些
　　D.用工具将器壁多余部分剃除
（3）下列属于拉坯成型法步骤的是（ABD）。
　　A.开泥　　B.找中心　　C.开孔　　D.提泥及割底
（4）泥条成型的形式包含（ABC）。
　　A.泥条盘筑成型　　B.泥条竖立成型　　C.泥条编织成型　　D.泥条捏制成型

3. 章讨论

（1）陶艺的制作技法有哪些？

泥条盘筑成型法、捏塑成型法、泥板成型法、拉坯成型法、泥浆成型法、印模成型法。

（2）中国瓷器的五大名窑分别是哪几个？

汝窑、哥窑、定窑、官窑、钧窑。

第四章　当代数字设计与项目设计策划

1. 章测试

（1）混沌并非_____或混乱，而是具有分形性质的层次结构。（D）

　　A. 线性的单方向　　　　　　B. 单纯的有序

　　C. 线性的多方向　　　　　　D. 单纯的无序

（2）混沌是非线性科学系统中的固有属性和_____现象，主要是指确定性系统产生的一种对初始条件具有敏感依赖性的回复性非周期运动。（B）

　　A. 特殊　　　　B. 普遍

（3）混沌通常指的是表现出非周期行为的确定性系统，而这种非周期行为对初始条件非常敏感，因此，表现出长期行为的_____。（B）

　　A. 可预测性　　　B. 不可预测性

（4）参数化设计特点是混沌、_____和不规则性，形态的生成过程是由内及外、在不断演化的过程中自然涌现发生而成。（A）

　　A. 非线性　　　　B. 规则性　　　　C. 线性

（5）解构主义建筑师尽管手法各异，其共同点在于通过_____来表现"无""非存在""非功能""非理性""反记忆""非建筑"等。（B）

　　A. 叠加、重复　　　B. 分解、破裂

（6）一个完整的工艺项目策划包括_____、策划对象、策划依据、策划方案。（D）

　　A. 管理者　　　B. 执行者　　　C. 协助者　　　D. 策划者

（7）_____是艺术项目策划的主体，他们在艺术活动中扮演主要的角色。（B）

　　A. 管理者　　　B. 策划者　　　C. 协助者　　　D. 执行者

（8）_____是艺术项目策划的客体，通常情况下，其决定着艺术项目的类型。（B）

　　A. 策划者　　　B. 策划对象

（9）有关策划对象的专业信息包括_____，这些信息是进行策划活动的重要依据。（A）

　　A. 自然文化与社会文化　　　　B. 自然科学与社会科学

（10）策划方案是策划者为实现策划目标，针对策划对象而设计的一套策略、_____。（B）

　　A. 图纸和数据　　　　　　B. 方法和步骤

2. 章讨论

（1）混沌——非线性设计思维的应用有哪些？

建筑设计、环境艺术设计、景观设计、室内设计、产品设计、包装设计、电路设计等。

（2）"解构主义建筑师"的共同点是什么？

共同点在于，对长期以来占统治地位的建筑概念和形象的反叛，打乱建筑"文本"的连续性和保守的思想意识，以批判的精神和创新的方式消解传统建筑的和谐系统。

（3）请描述出参数化设计（PArAmetriC Design）的设计流程。

参数化设计（PArAmetriC Design）的设计流程是将影响设计的各方面因素置入计算机系统，使之数据化为参变量。通过制定一种算法或规则自动生成参数模型，将数字化后的参变量转换为图像，由此得到设计的初步成果。

（4）艺术项目策划依据有哪些？

上位规划是进行科学策划的基本依据；有关策划对象的专业信息包括自然文化与社会文化，这些信息是进行策划活动的重要依据。

（5）艺术项目策划的五大原则是什么？

创新原则、特色原则、公众参与原则、长效原则、人本原则。

（6）简述艺术项目策划未来的新趋势。

与纵向学科之间的融合延伸、与横向学科之间的交叉渗透。

3. 弹题

（1）说明：在讲解到"混沌——非线性"思维时。

选择题：混沌看似与随机运动一样具有不可预测性，但根本原因在于运动。（A）

  A. 不稳定性 B. 不可触及

（2）说明：在讲解到作品赏析之后。

选择题：解构派建筑的形象呈现出一定的特征，如_____、残缺、突变、动势、奇绝。（B）

  A. 整齐 B. 散乱 C. 规则

（3）说明：在介绍VR技术之前。

选择题：_____、地理信息系统及参数化设计等新兴的科技手段已成为当今先锋设计师强有力的实验工具。（C）

  A. 元宇宙 B. CAD C. 虚拟现实技术

（4）说明：在讲解策划依据时。

选择题：上位规划是进行科学策划的基本依据，上位的意思是指_____。（A）

  A. 控制性详细规划 B. 上级管理部门

（5）说明：在讲解到人本原则时。

选择题：人本原则应该：有利于人类生存环境的保护；_____；有利于使用者的精神愉悦。（B）

  A. 有利于方案的实施 B. 有利于人类的健康

  C. 有利于成本控制

4. 题库

判断题：

（1）混沌是非线性科学系统中的固有属性和普遍现象，主要是指确定性系统产生的一种对初始条件具有敏感依赖性的回复性非周期运动。（对）

（2）混沌看似与随机运动一样具有不可预测性，但究其原因在于运动的不稳定性。　　　　　　　　　　　　　　　　　　　　　　　　　　　　（对）
（3）混沌就是单纯的无序或混乱。　　　　　　　　　　　　　　（错）
（4）混沌世界的复杂性和矛盾性更贴近世界多样化的本来面目。（对）
（5）虚拟现实技术优势是依托大量的数字信息构建虚拟数字模拟环境，不仅使信息量化的程度大为提高、准确性更加可靠，而且研究成果具有更高的参考和使用价值。（对）
（6）传统的景观空间研究法需要多次实地调研和采集大量环境数据，并在此基础上运用观察、分类、问卷、分析等方式加以人工信息处理，时常耗费大量的时间和人力成本，且研究结果缺乏量化的数据支撑。　　　　　　　　　　　　　　　（对）
（7）一个完整的工艺项目策划包括策划者、策划对象、策划依据、策划方案。（对）
（8）策划者是艺术项目策划的主体，他们在艺术活动中扮演主要的角色。（对）
（9）通常情况下，策划者决定着艺术项目的类型。　　　　　　　（错）
（10）策划对象是艺术项目策划的客体。　　　　　　　　　　　　（对）
（11）上位的意思是控制性详细规划，在总体规划中明确城市性质、发展思路，体现国家计划决策和综合平衡的要求，通常以参考性、间接性的计划形式出现，不具有强制的约束力。　　　　　　　　　　　　　　　　　　　　　　　　　　　　（对）
（12）设计中的人文内容越多，越能满足使用者的文化需求，越能增加环境认知度和和谐度。　　　　　　　　　　　　　　　　　　　　　　　　　　　　（对）

选择题：

（1）混沌系统的参数具有很强的_____，即使非常小的初始值变动或干扰，也会对系统产生根本性的影响。（B）
　　A. 稳定性　　　B. 敏感性
（2）设计就是一个_____的复杂系统。（B）
　　A. 线性　　　　B. 非线性
（3）策划方案应该具有指导性、_____、可行性、操作性、针对性。（B）
　　A. 敏感性　　　B. 创造性
（4）_____是艺术项目策划的主体，其在艺术活动中扮演主要的角色。（A）
　　A. 策划者　　　B. 策划对象
（5）_____是艺术项目策划的客体，通常情况下，其决定艺术项目的类型。（B）
　　A. 策划者　　　B. 策划对象

第五章　创新设计思维

1. 章测试

（1）人的思维是_____。（D）
　　A. 线性的、单方向的　　　　　　　　B. 非线性的、单方向的
　　C. 线性的、多方向的　　　　　　　　D. 非线性的、多方向的

（2）思维导图使用图表表现的_____思维。（B）

　　A.收敛性　　　B.发散性

（3）思维导图将大脑内部的过程进行了_____呈现。（B）

　　A.内部　　　　B.外部

（4）思维导图的第一步是确定_____。（A）

　　A.中心主题　　B.一级分枝　　　C.二级分枝　　　D.三级分枝

（5）在完成思维导图后，观察各词汇的_____，寻找新的创意可能性。（B）

　　A.特点　　　　B.联系

2.章讨论

（1）思维导图的应用有哪些？

　　思维导图的应用非常广泛，除创造性思维的部分外，还可以用思维导图来记忆、记笔记、记会议纪要和演讲，在讲解过程中，将它放在设计创意当中。思维导图就是一种视觉思维工具，可以让我们弄清楚信息之间的关系，并且帮助我们激发灵感、产生新的观点及概念。

（2）思维导图的过程也是联想的过程，请触发幸福的10个联想。

　　幸福的10个联想：家人身体健康、家庭和睦、工作顺利、学习进步、度过休闲时光、帮助他人、品尝美味佳肴、欣赏美丽风景、合家团圆、新生命的诞生（与幸福相关的场景或感受，言之有理即可）。

（3）请绘制出一个关于你家乡的思维导图。

　　根据自己家乡的具体情况和学生自己的了解程度，突出家乡特色。

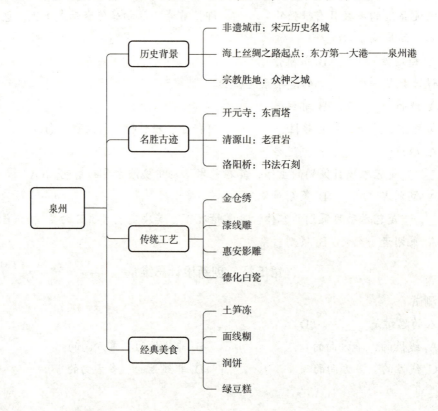

3. 弹题

说明：在讲解到思维导图的定义时。

选择题：思维导图是一种以促进思维激发和思维整理的_____工具、非线性的思维工具。（A）

  A. 可视化　　　　B. 可触及

4. 题库

判断题：

（1）可以使用思维导图进行记忆、创造性思维，做决策、做笔记、做会议记录、做目标计划。（对）

（2）可以通过手绘的方式来绘制思维导图。（对）

（3）思维导图不能帮助人们进行逻辑整理。（错）

选择题：

（1）二级主题是一级主题的_____。（B）

  A. 父主题　　　　B. 子主题

（2）一级主题也被称为_____。（B）

  A. 二级分枝　　　B. 一级分枝

（3）人的思维是_____。（D）

  A. 线性的、单方向的　　　　B. 非线性的、单方向的

  C. 线性的、多方向的　　　　D. 非线性的、多方向的

（4）思维导图使用图表表现_____思维。（B）

  A. 收敛性　　　　B. 发散性

（5）思维导图将大脑内部的过程进行了_____呈现。（B）

  A. 内部　　　　B. 外部

（6）思维导图的第一步是确定_____。（A）

  A. 中心主题　　　B. 一级分支　　　C. 二级分支　　　D. 三级分支

（7）在完成思维导图后，观察各词汇的_____，寻找新的创意可能性。（B）

  A. 特点　　　　B. 联系

第六章　创意设计是创业的顶层

1. 章测试

（1）创意、_____是创业的核心。（B）

  A. 变化　　　　B. 创新　　　　C. 发展

（2）创新有多种类型，技术_____创新。（C）

  A. 就是　　　　B. 等于　　　　C. 不等于

（3）团队和平台是创业的_____。（B）

  A. 条件　　　　B. 关键　　　　C. 因素

（4）在成长的道路上不断学习、增长知识、融会贯通、增加_____。（A）

　　A.自信　　　　B.自强　　　　C.自立

（5）艺术源于生活，要不断地_____、观察、考察、了解不同的生活。（B）

　　A.参与　　　　B.体验

2.章讨论

（1）为什么说设计创新是创业型企业的有效选择？

创新主要目的就是增强消费者对产品的记忆，从而达到购买的目的。对于一个创业型公司，最重要的就是让自己的产品快速出圈，抢占市场。实践证明，消费者对于好的创意会产生深刻的印象，通过视觉、情感、有趣的方式来传递信息可以使消费者产生情感的共鸣，从而增强产品的说服力，从而不断扩大传播效果，最终使更多的消费者产生购买行为。所以，设计创新能力是一个创业型企业能否在激烈的市场竞争中突出重围的关键。

（2）对业主、合伙人、员工和企业顾问的要求有哪些？

对业主的要求：全面负责，制订目标和计划；要有远大的理想、德高望重、知人善用、管理能力。

合伙人：一志同道合；二优势互补；三有责任心，能够同甘共苦。

对员工的要求：一认真踏实；二有责任心。

有的企业有企业顾问，对企业顾问的要求：一博学多才；二创新思维；三有经验。团队的构成条件的素质，无论是业主、合伙人、员工、企业顾问，都要有共同的愿景、专业性、互补性和合作精神。

（3）创意训练有哪些环节？

理解他人、定义问题、创意方案、原型制作、测试与反馈。

3.弹题

（1）说明：在讲解完创意设计是创业的顶层时。

选择题：创意来源于生活、_____生活。（B）

　　A.等于　　　　B.高于　　　　C.有利于

（2）说明：在讲解完团队和平台是创业的关键时。

选择题：创业的关键是_____。（A）

　　A.团队和平台　　B.外部条件

（3）说明：在讲解完充满自信的创意时。

选择题：在成长的道路上_____、增长知识、融会贯通、增加自信。（C）

　　A.勇往直前　　B.不怕困难　　C.不断学习

（4）说明：在讲解完游戏创意训练时。

选择题：门神作为道教和汉族民间共同信仰的守卫门户的神灵，表达了汉族劳动人民一种辟邪除灾、迎祥纳福的_____。（A）

　　A.美好愿望　　B.宗教信仰

4. 题库

判断题：

（1）艺术使生活更美好。　　　　　　　　　　　　　　　　　　　　　　（对）

（2）设计创新是创业型企业的有效选择。　　　　　　　　　　　　　　　（对）

（3）合伙人要求：一志同道合；二优势互补；三有责任心、同甘共苦。　（对）

（4）创新有多种类型，技术就等于创新。　　　　　　　　　　　　　　　（错）

（5）灵感是人们借助直觉的启示而对问题得到突如其来的领悟或理解的一种思维方式。　　　　　　　　　　　　　　　　　　　　　　　　　　　　　　（对）

（6）在创业中，平台是创业的支持，有了平台就有了资源。　　　　　　（对）

第七章　创新创造——工匠精神的延伸

1. 章测试

（1）惠安石雕工艺随着时代的_____而发展。（B）

　　A. 变化　　　　B. 发展　　　　C. 变迁

（2）惠安石雕正在由比较传统的注重技艺加工，逐步转到注重创作作品_____的表达。（C）

　　A. 精细外观　　B. 创意　　　　C. 本体内容

（3）石雕要怎样去突破，或者说转型。要走_____路线。（B）

　　A. 精细化　　　B. 差异化　　　C. 标准化

（4）剪瓷雕的主要材料是红糖或者黑糖、白灰、陶土和_____。（A）

　　A. 磁片　　　　B. 磁砖　　　　C. 磁铁

（5）剪瓷雕的主要材料中红糖或黑糖的作用是_____。（B）

　　A. 增加陶土的流动性　　　　　B. 增加陶土的黏性

2. 章讨论

（1）石雕要怎样去突破或者说转型？

石雕在工具上、材料上、理论上的拓展，由比较传统的注重技艺加工，到注重创作作品本体内容的表达。

（2）剪瓷雕的基本步骤有哪些？

剪瓷雕不是单纯的手艺活，对工匠的综合素质要求极高，不仅需要扎实的美术功底，同时兼备文学、戏曲、礼制规范等文化素养。作为能在屋顶造出一本戏的剪瓷雕，在传统的工艺流程中一般要经过选瓷、破瓷、画稿、剪瓷、塑型、拼贴六个步骤及十几道工序。

（3）简述置于大自然中的雕塑作品的特点。

大自然中的雕塑作品要与环境协调。

雕塑作品与环境的协调统一性：雕塑作品大多是为某一特定环境制作的，置于室外就要与日影、天光、地景、建筑等发生关系，并受其制约。因此，雕塑作品与环境的协调，使作品作用于环境，并使环境成为作品的组成部分，共生出新的景观，所以在欣赏雕塑作品时应从以下几个方面去分析研究。

1）注意作品与场景的适应性。不同的公共场所的场景，有不同的文化心理与文化背景，纪念雕塑庄严、肃穆，具有建筑性与宏伟性。如奥地利的《施特劳斯纪念碑》。园林雕塑适应园林的优美恬静特点，给人以亲切感、轻松感和富有装饰性。如意大利的《木雕群》。

2）注意与建筑形式的关联性。雕塑风格应与建筑风格相协调适应，一般来说，现代建筑前的雕塑就应具有现代风格，古建筑前的雕塑应与古建筑相适应。如法国的《大拇指》、美国的《火烈鸟》。

3）注意借景构成关系。借用环境和景物来丰富作品的表现力。如丹麦哥本哈根海滨公园的《美人鱼》，倚坐在水边礁石上，使礁石、海水、天光、倒影都成为作品内涵不可缺少的部分。

4）注意心理诱导的作用。雕塑的大小、形体、置放的位置与底座的高低等均具有不同的心理诱导作用。如《自由女神像》以高底座和高大仰视的作品使人产生崇高感，而低底座的平视作品令人感到亲切。如罗丹《加莱义民》不用高底座，平放于地面，令加莱市民们感到英雄就在他们中间。而《红色立方体》是美国海上保险公司门前的抽象雕塑，一角着地的立方体给人以不安全的危险感，其形式的心理诱导作用就是其表现的内容。

3. 弹题

（1）说明：在讲解完省劳动模范的创意时。

选择题：创意产品设计的特点是_____。（A）

  A. 新、奇、特 B. 奇、怪、新

（2）说明：在讲解完吴德强石雕作品时。

选择题：创意来源于生活、_____生活。（B）

  A. 等于   B. 高于   C. 有利于

（3）说明：在讲解完非遗传承人的艺术追求时。

选择题：剪瓷雕的步骤包括研磨陶土、构图、剪瓷、_____、堆塑、彩绘等。（C）

  A. 喷绘   B. 烧结   C. 打磨

（4）说明：在讲解完大国工匠面对面一时。

选择题：吴德强石雕作品《征途战友情》的构图是_____。（A）

  A. 三角形   B. 四边形   C. 锥形

（5）说明：在讲解完大国工匠面对面二时。

选择题：在激烈竞争中取胜的方法有多种，依靠_____是最可取的方法。（B）

  A. 人脉关系 B. 创意创新 C. 物质金钱

4. 题库

判断题：

（1）汉白玉材料象征纯洁高贵。   （对）

（2）大自然中的雕塑作品要与环境协调。   （对）

（3）石雕当代性：时代促使，石雕要走向国际，停留在传统是很局限的。（对）

（4）石雕进行突破或转型，要走奇异化路线。（错）

（5）灵感是人们借助直觉的启示而对问题得到突如其来的领悟或理解的一种思维方式。（对）

（6）石雕在工具上、材料上、理论上的拓展，由比较传统的注重技艺加工，到注重创作作品本体内容的表达。（对）

参考文献

[1] 耿玉花，刘也. 髹漆工艺与实践［M］. 北京：清华大学出版社，2019.
[2] 孟祥高. 图说髹饰技艺［M］. 北京：中国劳动社会保障出版社，2021.